PRESS

C. A. PRESS

CUANDO LOS CHINOS HABLAN

Ana Fuentes (Madrid, 1980) es licenciada en Ciencias de la Información por la Universidad Complutense de Madrid y la Sorbona de París y Master de Periodismo del diario *El País*. Vivió en Pekín de 2007 a 2011, donde fue la corresponsal de la primera radio privada española, la Cadena SER, además de realizar su propia sección sobre la sociedad china en la radio francesa BFM. Sus reportajes se han emitido en tres continentes en Radio France Internationale, France Presse, CNN en español y Radio Netherlands América Latina. Hoy vive en Nueva York, desde donde informa para varios medios internacionales.

CUANDO
los CHINOS
HABLAN

Historias reales para entender a la futura potencia del mundo

✦✦✦✦✦

Ana Fuentes

PRESS

C. A. PRESS
Penguin Group (USA)

C. A. PRESS

Published by the Penguin Group

Penguin Group (USA) Inc., 375 Hudson Street, New York, New York 10014, U.S.A.

Penguin Group (Canada), 90 Eglinton Avenue East, Suite 700, Toronto, Ontario, Canada M4P 2Y3
(a division of Pearson Penguin Canada Inc.)

Penguin Books Ltd, 80 Strand, London WC2R 0RL, England

Penguin Ireland, 25 St Stephen's Green, Dublin 2, Ireland (a division of Penguin Books Ltd)

Penguin Group (Australia), 250 Camberwell Road, Camberwell, Victoria 3124, Australia
(a division of Pearson Australia Group Pty Ltd)

Penguin Books India Pvt Ltd, 11 Community Centre, Panchsheel Park,
New Delhi – 110 017, India

Penguin Group (NZ), 67 Apollo Drive, Rosedale, Auckland 0632, New Zealand
(a division of Pearson New Zealand Ltd)

Penguin Books (South Africa) (Pty) Ltd, 24 Sturdee Avenue, Rosebank,
Johannesburg 2196, South Africa

Penguin Books Ltd, Registered Offices:
80 Strand, London WC2R 0RL, England

First published in 2012 by C. A. Press, a member of Penguin Group (USA) Inc.

10 9 8 7 6 5 4 3 2 1

ISBN 978-0-14-242563-3

Printed in the United States of America

Penguin is committed to publishing works of quality and integrity. In that spirit, we are proud to offer this book to our readers; however, the story, the experiences, and the words are the author's alone.

Para Mario,
que no tiene miedo a nada
y me hace tan feliz.

Índice

Introducción

A los pocos meses de aterrizar en Pekín, en otoño de 2007, me invitaron a un concierto en el Teatro Nacional. Llegaba tarde y tomé un taxi a toda prisa. Al abrir la puerta, un olor a sudor concentrado me revolvió el estómago. Pensé que el conductor debía de llevar días sin ducharse. Me quedé de piedra cuando, al llegar al primer semáforo, el tipo se giró y me dijo, visiblemente incómodo: "Señorita, baje la ventanilla porque apesta. ¿Qué perfume lleva? Es insoportable".

Esta sinceridad pasmosa de los chinos me cautivó desde el principio. Por entonces la idea que tenía de ellos se resumía en cuatro o cinco lugares comunes: eran seres sacrificados, infatigables, capaces de superar cualquier adversidad y a menudo faltos de empatía. De China sabía que en los últimos años la economía había despegado a velocidad meteórica y que era un país traumatizado por el colonialismo extranjero, las hambrunas del Gran Salto Adelante y las atrocidades de la Revolución Cultural. Que se preparaba para su gran debut ante el mundo en los Juegos Olímpicos de 2008, al mismo tiempo su gobierno censuraba Internet, reprimía a los activistas y toleraba niveles de corrupción desorbitados.

Pero, ¿quiénes eran los chinos? ¿Realmente eran tan sacrificados? ¿Eran promiscuos? ¿Les interesaba lo que pasaba en el exterior?

Durante los tres años siguientes observé el país desde decenas de ángulos diferentes. Viajé a Xinjiang a cubrir las peores revueltas étnicas en varias décadas. Vi a jóvenes convertirse en estrellas de rock y a ancianos arrodillados ante los tribunales para pedir justicia porque les habían demolido sus casas. Asistí a los Juegos Olímpicos de Pekín, cargados de polémica y orgullo patriótico.

Entre tanto nació Weibo, el equivalente local de Twitter llamado a revolucionar la Web. Occidente se interesaba ya por China, incluso cuando no había de por medio una catástrofe con miles de muertos. Los corresponsales informábamos sobre las fluctuaciones del yuan, los festivales de tecno, los escándalos de contaminación alimentaria y la represión de los disidentes. Entrevisté a cientos de personas de distinto nivel cultural y poder adquisitivo que me dieron las claves para comprender mejor de dónde venía China y hacia dónde iba. Hice grandes amigos y fui testigo de injusticias repulsivas. Muchos clichés se me vinieron abajo.

Sin embargo, el tiempo y el espacio eran limitados en los medios para los que trabajaba. Demasiadas historias fascinantes se iban quedando en el tintero. Elegí las diez que más me emocionaron para desentrañar este país que a la mayoría de los occidentales todavía les resulta un misterio. Fue así como nació *Cuando los chinos hablan*.

En el primer capítulo, *Los nuevos ricos están aquí*, entramos en la vida de los *fu er dai*, la segunda generación de millonarios chinos. Tim y Xiao Chen son hijos de papá que cruzan las avenidas pequinesas en sus Ferrari. Sus familias, con conexiones en las altas esferas del Gobierno, han diseñado su camino al éxito. No trabajan: se dedican a invertir. Fue una experiencia verles rodeados de personajes pintorescos en los clubes de la capital.

En *Secuestrado por su propio gobierno* hablo con el activista y abogado Jiang Tianyong, uno de los pocos expertos en derechos civiles en China. En febrero de 2012, coincidiendo con la Primavera árabe, fue retenido y torturado durante dos meses por agentes del Ministerio de Seguridad. El abogado explica con detalle qué pasa por la mente de un disidente, en qué momento decidió cruzar la línea roja y por qué prefiere arriesgar su vida a jubilarse cómodamente en una empresa estatal.

Para la protagonista de *Un marido gay para disimular*, el sexo siempre había sido tabú. Xiao Qiong es una *tongqi*, o "esposa de homosexual", que hace tres años se casó con su mejor amigo, un hombre gay que huía de la presión familiar. Se calcula que en China hay unos dieciséis millones de mujeres como ella pero, por vergüenza, muy pocas lo reconocen. Solo se desahogan entre ellas y por Internet, utilizando pseudónimos.

Silencio, habla el maestro es la historia del viejo Du, una eminencia del kung-fu que con setenta años tiene la agilidad de un deportista adolescente. Apenas sabe leer y escribir, pero es el ponente más codiciado en las convenciones de artes marciales. Sus discípulos le espantan los mosquitos y se deshacen en reverencias a su paso. Lo que más le preocupa no es que su pensión sea escasa, sino que en Pekín queden cada vez menos parques donde entrenar.

En *Los que se lanzan al mar* habla Yang Lu, una empresaria hija de militares del Partido Comunista que está haciendo fortuna impartiendo cursos de liderazgo para directivos. Les enseña a catar vino, a hablar de golf y a separar la vida personal de la profesional, entre otras cosas. En un país donde la mayoría de las empresas son privadas pero el Estado aún controla el grueso de la economía, no siempre es fácil "lanzarse al mar", como los chinos llaman a aventurarse en el océano inmenso y desconocido del mundo empresarial.

La vida en el subsuelo se adentra en un universo opuesto. Su protagonista, Chen Erfei, es uno de los trescientos millones de campesinos que han emigrado a las ciudades chinas en busca de una vida mejor. Trabaja como portero y duerme en uno de los refugios subterráneos que Mao Zedong mandó construir en los años sesenta por temor a un ataque soviético, hoy reconvertidos en viviendas. Chen Erfei, y otros tantos como él, son los verdaderos protagonistas del milagro económico chino, quienes mantienen el país a flote aunque estén condenados a ser ciudadanos de segunda.

Con veinticuatro años y sin empleo, Ma Chencheng vive pegada a Internet. Encarna la *China 2.0*, una juventud consumista y apolítica cuyos gustos cambian a toda velocidad. No se informa nunca a través de los medios oficiales: prefiere leer blogs. Me mostró hasta qué punto la Web permite expresarse a millones de personas. Y también cómo el Gobierno contraataca.

Prostituta a escondidas es la historia de la señora Zhen. Su marido cree que trabaja en una tienda, pero ella lleva años recibiendo clientes en un apartamento de un empresario con el que mantiene una relación especial. En una de nuestras cenas (cocina unas espinacas increíbles) me confesó que lo hace para pagarle los estudios a su hijo. Siempre está a dieta porque si engorda tendrá que bajar sus tarifas.

A bordo de su taxi, Zhang Xiaodong ha sido testigo de la colosal transformación urbanística de China. Lo cuenta con detalle en *Pekín desde el taxi*. Cuando empezó a conducir, tenía que sortear enjambres de bicicletas. Hoy padece tres horas diarias de embotellamientos. Como muchos nostálgicos del maoísmo, sueña con viajar a Corea del Norte para rememorar la China de los sesenta.

La peor cara de China nos la revela Linda, una periodista brillante y perspicaz que descubrió el lado más oscuro de su país cuando la contrató una televisión extranjera. No siempre está de acuerdo con la visión de sus jefes y, sin embargo, algunos chinos la han acusado de traidora por trabajar para "el enemigo". Desde hace años, vive en el dilema de quienes se sienten obligados a defender su país ante los extranjeros y a criticarlo ante sus compatriotas.

Este libro no es un tratado de historia ni de economía, sino el retrato de diez habitantes de un país que puede convertirse en la primera potencia mundial. Ellos explican su relación con la familia, con el poder, con el resto del mundo. Nos cuentan qué los conmueve y cómo toman decisiones. Por qué viven en una dictadura y, sin embargo, son tan anárquicos.

Ganarme su confianza no fue fácil: algunos nunca le habían dirigido la palabra antes a un extranjero. La clave fue entrevistarlos yo misma en mandarín, ya que, por miedo, o por pudor, la mayoría se negaba a que otro chino escuchara sus relatos. Tras meses de charlas, paseos y alguna persecución policial, acabaron hablándome abiertamente de sus metas y frustraciones. En los casos necesarios he recurrido a nombres ficticios para protegerlos.

CUANDO
los CHINOS
HABLAN

1

✦✦✦✦✦

Los nuevos ricos están aquí

"Mano".

"Perdone, ¿cómo dice?"

"Mano", repite el portero como un autómata. Su compañero, otro gigante de seis pies de altura encargado de revisar los bolsos, me indica que debo dejarme estampar en la mano el sello de entrada. Las chicas del ropero se ríen tapándose la boca. La discoteca ha reforzado su protocolo de seguridad: hay más clientes con dinero que antes, más drogas, más peleas.

Es uno de los sitios de moda en Pekín, construido a lo grande, y parece la peor pesadilla de un minimalista: baños de mármol negro, paredes forradas de tela negra con brillos, cortinajes de seda violeta y macetones con flores artificiales. Junto a la cabina del discjockey se alza una fuente de estilo barroco, con su querubín incluido. Para apreciar los detalles, las pupilas tienen que acostumbrarse a la oscuridad. Las discotecas chinas son mucho más ruidosas y están aún menos iluminadas que en Occidente.

Estoy buscando a Xiao Chen. Hemos quedado en la barra para

no perdernos. Me siento en un taburete y la pareja a mi lado pide ocho tragos cortos. Ella se aparta un mechón de pelo de la cara, toma uno con cada mano y suelta un chillido de felicidad. El chico le carga el bolso como suelen hacer los novios chinos. Se ríe y hace lo propio. Se toman los *shots* de dos en dos y piden otra ronda.

La pista está vacía. Los camareros cruzan en todas direcciones rumbo a las mesas del fondo, cargados de hielo, botellas y bandejas de fruta fresca. La noche comienza y nadie baila: es la hora de los *jiu ling* (酒令), los juegos para emborracharse. Algunos se juegan con dados, otros con cartas, o con acertijos, o con los dedos de la mano. Los hay antiquísimos, de la época imperial, o tan recientes que incorporan el argot de moda. El propósito es el mismo: que los contrincantes se emborrachen.

Desde una esquina alguien me hace señas. Reconozco a Xiao Chen, que se ha cortado el pelo dejándose una mini cresta. Me tiende la mano con timidez. "Bienvenida. Siéntate, por favor".

Dos chicas menudas saludan levantando la barbilla. "Estas son Mimi, mi novia, y Li Lei, la novia de Tim. Él está pidiendo más alcohol, pero ahora viene", explica Xiao Chen, y aparta los bolsos de las chicas para hacerme un hueco. Me hundo en el sofá de cuero negro y me disculpo por llegar tarde, aunque no sea cierto. En realidad, los chinos siempre llegan a las citas antes de tiempo. "Tranquila, no hemos empezado a jugar", dice Li Lei, guiñándole un ojo a su amiga. Mimi escarba en su bolso Marc Jacobs y saca un juego de dados.

"¿A qué te gusta jugar a ti?", pregunta Mimi, y enciende un cigarrillo rosa. Me tiende el paquete, decorado con estrellas y corazones. "Coge los que quieras. Son importados de Japón".

Tim llega con un cubo de cervezas y se seca las manos para saludarme. "Veo que ya está todo listo para los dados. Cuando quieran. Los voy a hacer pedazos", dice y suelta una carcajada.

Li Lei se incorpora como un resorte, se hace un moño y se quita el reloj Cartier edición limitada, absorta como un cirujano a punto de operar. Mimi lanza los dados.

Los chinos son buenísimos con el cálculo. Para comprobarlo basta con jugar con ellos. Les encanta competir, apostar y montar un escándalo. Al cabo de tres rondas, Li Lei se perfila como vencedora. No se le ha movido ni un pelo del moño. Xiao Chen está colorado por el alcohol y se ha desabrochado dos botones de la camisa. Llama al camarero y le pide vodka y más sandía. Compra dos botellas, a 130 dólares cada una.

Mimi está histérica. Se revuelve en su asiento y se quita las pulseras porque le molestan. Tamborilea con los dedos en el cristal de la mesa mientras llega su turno. Xiao Chen la mira muerto de risa. "Es muy competitiva", bromea. "Si no gana después no duerme".

"Idiota", responde ella, y le da un coscorrón. "No sirves para nada". Él se apresura a abrazarla y ella lo rechaza haciéndose la ofendida. Luego se deja querer. Muchas parejas chinas se relacionan así.

Un camarero que parece adolescente, con pelusa en el bigote, se lleva nuestra cubeta para reponer el hielo. La mesa que ocupamos cuesta 2.000 yuanes, unos 300 dólares, cerca del doble de lo que este muchacho debe de ganar al mes trabajando toda la noche seis días a la semana. En China no se dejan propinas. Al cliente, sobre todo al de las mesas, hay que aguantarle prácticamente todo.

Mimi se levanta tambaleándose un poco por el alcohol y anuncia que va al baño. Li Lei agarra su bolso y la sigue. Les toca hacer cola unos minutos y aprovechan para actualizar su cuenta de Weibo, el Twitter chino. "¡Sonríe!" dice Li Lei y enfoca a Mimi con su iPhone. Mimi hace con los dedos la V de "victoria" y le tira un beso a la cámara. Su amiga se ríe y teclea veloz en la pantalla con sus uñas azul marino, pintadas a juego con el vestido.

En los baños de mujeres se puede hacer un estudio relámpago sobre las diferencias de clase. Las clientas, como Mimi y Li Lei, son altas, de melena abundante y dientes perfectos. Se protegen del sol y usan cremas especiales para tener la piel blanquísima. Sumando la ropa, el maquillaje y los complementos, llevan encima miles de yuanes. Manejan teléfonos de última generación y no se escandalizan al comprar preservativos en la máquina expendedora de la discoteca, por lo que pueda surgir. En cuanto a las *ayi*, las chicas de la limpieza, miden una cuarta menos, tienen la piel aceitunada y las manos ajadas por la lejía. Llevan uniformes marrones de tela sintética, zapatillas de tela y el pelo recogido en un moño con redecilla.

Cada vez que una clienta sale del cubículo, la *ayi* entra a limpiarlo. Lleva unas pinzas de madera enormes para recoger los papeles que han caído fuera de la taza. Mimi y Li Lei pasan veinte minutos definiéndose la raya del ojo y ahuecándose el pelo. Las *ayi* las miran como si fueran actrices de cine y les tienden toallas de papel para que se sequen las manos. Una le sonríe a Mimi con devoción a través del espejo. Tiene una cara bonita, pero la dentadura destrozada. Mimi ni siquiera se da cuenta. Se pone brillo en los labios y me guiña un ojo.

"¿Volvemos a la mesa?", pregunta, colocándose el flequillo por enésima vez.

La pista ya está repleta. El discjockey lleva gorro de lana aunque la temperatura supera los 100 grados Fahrenheit y coquetea con las chicas que hacen cola para saludarlo.

"Dios, ¡está buenísimo!", aúlla una chica menudita y se descalza para encaramarse a la plataforma. Sin tacones mide cuatro pies de altura. Una vez arriba, se calza en dos segundos y empieza a contonearse como una bailarina de *striptease* profesional. "Madre mía", le digo a su amiga. "Qué bien baila, ¿no?"

"Todas vamos a clase de *pole dance*", responde la amiga quitándole importancia.

4

En Pekín están de moda las clases de *pole dance* y *striptease*. Las mujeres aprenden a desnudarse y a trepar como gimnastas al ritmo de Shakira, uno de sus mitos occidentales. Las escuelas les prometen que se pondrán en forma en dos meses después del embarazo o que se elevará su atractivo sexual. "Estos bailes le devuelven la chispa a las relaciones", decía una profesora entrevistada por una revista femenina de Pekín. "Eso no lo da el Pilates".

Tim y Xiao Chen ya han terminado con la primera botella y atacan la segunda. Tim sigue como si nada, con el pelo engominado y las gafas de pasta negra retro, pero Xiao Chen está bañado en sudor y no da pie con bola. Cuando se levanta para dejarnos pasar, se resbala y tira una copa.

"Siempre igual", protesta Mimi. "No aguantas el alcohol".

Xiao Chen la mira con los ojos vidriosos, extiende las manos en plan teatral y tararea una estrofa de *Cuento de Hadas* (童话, *tong hua*), un éxito romántico en los karaokes: "Tienes que creer, creer en nosotros…", canta en falsete.

Ella suelta un bufido, se cuelga el bolso y se va. Nos quedamos petrificados. Li Lei le hace un gesto a Tim, que empieza a recoger las cosas de Xiao Chen. "Creo que tenemos que irnos. Lo siento", se disculpa Tim, "nuestra amiga tiene mucho carácter".

Xiao Chen, avergonzado, se abrocha la camisa como puede y me da la mano. "Nos veremos pronto", balbucea. "Buenas noches", dice Li Lei y me da su mano de niña. *"Good night"*, repite en inglés.

El camarero imberbe aparta las butacas para abrirles camino. Ve que aún quedan más de 100 dólares intactos en alcohol, suspira y empieza a vaciar los ceniceros.

Tim, Xiao Chen y sus respectivas novias son lo que en China se conoce como *fu er dai* (富二代), hijos de nuevos ricos o niños consentidos. Viven en una burbuja gracias a la fortuna de sus padres.

Desconocen lo agobiante que resulta el metro pequinés por la mañana: se levantan a la hora que tienen a bien y conciertan sus citas a través del iPad, en restaurantes, galerías y cafés. No les preocupa encontrar trabajo ni comprar una casa, como a la gente de su edad. De la noche a la mañana improvisan excursiones en barco que cuestan decenas de miles de yuanes. Cuando les pregunto a qué se dedican, contestan evasivos que a "hacer negocios".

Los millonarios chinos son una especie huidiza que evita explicar el origen de su patrimonio. Se sabe que cada vez son más: según la revista *Hurun*, el equivalente chino de *Forbes*, 960.000 residentes en China poseían más de 1.5 millones de dólares a mediados de 2011. En promedio no superan los cuarenta años y la mayoría ha hecho fortuna en la empresa privada. Un 20%, aprovechando el tirón del sector inmobiliario y otro 15% en la Bolsa. Lo que todos tienen en común son sus contactos en las altas esferas. De hecho, tres de cada diez ocupan algún cargo político. Durante el maoísmo, los ricos eran "capitalistas explotadores" a los que había que perseguir, pero en los años ochenta el Gobierno chino se quitó de encima los complejos. Muchos analistas sostienen que el gran acierto del Partido Comunista ha sido integrar en sus filas a los "capitalistas" en vez de hacerlos sentir una clase ajena a un sistema cuya legitimidad podrían llegar a cuestionar.

En líneas generales, en China hay dos tipos de ricos: los que ostentan y los que no. Los primeros se comportan como niños malcriados: se saltan los semáforos en rojo en sus vehículos de lujo, maltratan a los camareros y compran sin medida en tiendas exclusivas. Vale la pena pasarse por un centro comercial elegante para verlos en acción, escogiendo bolsos, abrigos de piel y diamantes. Pagan en metálico con fajos enormes, ya que el billete de mayor valor en China es el de 100 yuanes (15 dólares). A menudo se regalan escapadas a París, Nueva York, Londres y Milán para pasar revista a las últimas tendencias y tiran la casa por la ventana: en

2011, realizaron setenta millones de viajes (un 25% más que el año anterior) y gastaron en ellos 68.000 millones de dólares, según la Academia China de Turismo. Por los impuestos, las marcas occidentales cuestan mucho más en China, así que cuando salen compran todo lo que pueden (suele haber un tope en el número de artículos que puede llevarse cada cliente). Las mejores firmas extranjeras cuentan con personal para atenderlos en mandarín y les ofrecen productos especializados, como joyas de jade o con los animales del horóscopo chino.

Los potentados en Pekín viven en urbanizaciones privadas a las afueras, como la mayoría de extranjeros. Pasear por ellas es toda una experiencia, empezando por los nombres: Versailles, River Garden, Champagne Town… La clave es que tengan nombre extranjero, pero con alguna palabra conocida, como *paradise* o *château*. Detrás de las verjas de seguridad hay avenidas llenas de fuentes, columnatas y estuco falso. Las villas dotadas de jardín, sauna y piscina particular pueden superar los 6 millones de dólares.

Los verdaderos multimillonarios, sin embargo, procuran mantener un perfil bajo. Saben que están en el punto de mira: si llaman demasiado la atención, el Gobierno puede investigar sus cuentas. Además, en un país con tantas desigualdades, donde el 60% del PIB se concentra en manos del 0,03% de la población, a la gente la crispa que los ricos campen a sus anchas. Para evitar agresiones y secuestros, cada vez más ricos contratan guardaespaldas.

A Tim y a Xiao Chen los han educado para ser discretos. Xiao Chen, por ejemplo, es voluntario en una ONG. Sus compañeros se dieron cuenta de que no era como ellos porque no tenía además un trabajo remunerado. Terminaron de confirmar sus sospechas cuando lo sorprendieron al volante de un BMW, que estacionaba siempre lejos de la oficina.

Cuando conocí a Xiao Chen, en el otoño de 2010, el tema de los hijos de los millonarios y sus privilegios estaba al rojo vivo en Internet a raíz del caso Li Gang. Un buen día, este alto funcionario de la policía de Hebei, la provincia que rodea Pekín, recibió una llamada avisándole que su hijo, Li Qiming, de veintidós años, había atropellado a dos chicas. Según los testigos, iba conduciendo a toda velocidad por el campus de la universidad cuando arrolló a las chicas, que estaban patinando (una murió, la otra quedó malherida), y siguió por su camino como si nada. Cuando los guardas de seguridad le cortaron el paso y le exigieron que se bajara del coche, el joven, con algunas copas de más, empezó a vociferar: "¡Denúncienme si se atreven! ¡Mi padre es Li Gang!"

El asunto calentó los foros de Internet en cuestión de horas y dio lugar a las parodias más rocambolescas. Cuatro días después del incidente, se convocó un concurso de poesía clásica en una web cuyo único requisito era incluir un verso que dijera: "Mi padre es Li Gang". Más de seis mil personas enviaron sus poemas. Los chinos son muy ocurrentes para estas cosas. Por mucho que el citado padre saliera en la televisión oficial pidiendo perdón con lágrimas en los ojos, Li Qiming se convirtió en el símbolo de los abusos de los ricos. La historia fue una de las más mediáticas de 2010. En enero de 2011, el joven fue condenado a seis años de cárcel y a pagar una multa de 82.800 dólares a las familias de las dos víctimas.

Xiao Chen quería evitar que la gente le colgara el cartel de rico sin escrúpulos. La primera vez que nos vimos, me citó en un café italiano al que solo van chinos de clase media-alta (el resto no suele tomar café), aunque no necesariamente millonarios. Charlamos de todo un poco: de su pasión por los deportes, lo complicado que era moverse por los atascos de Pekín, el buen café que servían en ese sitio… Agotadas las trivialidades, se puso serio y, mirando su botella de agua San Pellegrino, me espetó: "Que sepas que yo no me considero un hijo de papá".

"¿Cómo te definirías?", pregunté de la forma más delicada que pude en chino.

"Soy una persona normal. Tengo dinero, pero soy igual que los demás".

"Pero no tienes los mismos problemas que la mayoría de gente de tu edad, como no poder comprarte un apartamento, ¿no?", insistí.

Xiao Chen sabía de lo que le hablaba y torció el gesto. En China la gente odia cuando los ricos se declaran gente corriente, pero para él era injusto generalizar. "Nos maldicen porque creen que para llegar adonde estamos hemos pisado al resto o violado los principios éticos de la sociedad. Son unos pocos los que hacen quedar mal a los demás. La mayoría de los ricos son buenas personas. Han recibido una educación mejor y precisamente por eso no se les pasa por la cabeza actuar sin pensar en los demás", soltó de un tirón.

Le temblaba la voz y noté que lo más prudente era cambiar de tema.

Nos vimos otras veces, pero ya nunca solos. Xiao Chen se presentaba en todas partes con Tim, el amigo con el que estuvimos la noche de la discoteca. Tim había estudiado en Canadá, se defendía en inglés a la perfección y tenía respuestas para todo. Xiao Chen se reía de sus ocurrencias y mientras iba bebiéndose todo lo que le caía en las manos, hasta que se le pasaba la vergüenza e intervenía en la conversación.

Viéndolos, nadie diría que se conocían hacía apenas cinco años. "Xiao Chen es como mi hermano menor", anunció Tim el primer día que nos presentaron. "Tendríamos que habernos conocido antes porque nos gustan las mismas cosas. Ahora pasamos todo el día juntos para recuperar el tiempo perdido", repuso Xiao Chen, riéndose.

Cuando ganaron confianza, me explicaron que se apreciaban tanto porque tenían historias parecidas. Los padres de Xiao Chen eran funcionarios del Ejército reconvertidos en empresarios que supieron subirse al tren en los ochenta, cuando se privatizaron miles de empresas estatales. Para Xiao Chen eso significó criarse con las niñeras y el chófer. "Mis padres pasaban el día fuera de casa haciendo negocios y tuve una infancia bastante triste. Me costaba hacer amigos porque cada dos o tres años me cambiaban de colegio. Hemos vivido en Henan, en Tianjing, en Nanjing y en Harbin.[1] Conservo cinco o seis buenos amigos, no más, y cada uno vive en una ciudad distinta".

Durante una época quiso estudiar en el extranjero, como otros chicos de su clase, pero sus padres tenían otros planes para él. "Mi madre no me veía lo suficientemente maduro como para volar solo e insistió en que me quedara en China. Nunca entendí ese interés por retenerme cuando apenas me había cuidado de niño, pero se empeñó en que mantuviera el vínculo con el ejército y me matriculó en un internado militar".

En el fondo no le pareció mala idea irse a vivir con gente de su edad en vez de aburrirse jugando solo. Pasó seis años en una de las escuelas más elitistas de China, levantándose al amanecer y haciendo ejercicio hasta la extenuación. "Tengo muy buenos recuerdos de esa época", me contó. "En las escuelas militares se vive un ambiente especial. No te dan casi libertad, todo tiene que estar autorizado y en ese sentido la rutina es aburrida. Pero los lazos que forjas con tus compañeros son increíbles. Son hermanos, o más que hermanos. Yo le agradezco a mis padres que me mandaran allí".

La escuela era mixta y al cabo de poco tiempo se fijó en Mimi, una de sus compañeras. Era discreta y buena corredora de fondo. Se hicieron amigos y empezaron a salir en secreto: el reglamento prohibía las relaciones entre alumnos. Años más tarde, cuando ya eran una pareja establecida, conocieron a Tim: fue en 2007, en una reunión de antiguos alumnos con gente de otro internado. Tim acababa de volver de Canadá y había ido a saludar a sus amigos de infancia. Desde entonces, prácticamente no ha pasado un día en que no se hayan visto.

Tim tampoco había tenido mucho margen de decisión en la vida. Sus padres también eran empresarios. Siempre habían vivido en Pekín, pero viajaban constantemente por negocios. Lo dejaban con sus abuelos y lo llamaban por teléfono, casi siempre desde la sala VIP de algún aeropuerto, antes de embarcar. Tim habla de ellos con respeto, pero al mencionar a su abuelo, que hace unos meses cumplió cien años, se le ilumina la cara. "Fue él quien me crió. Siempre me cuenta historias de la guerra porque luchó contra los japoneses en Harbin en los años treinta. Es la persona más importante en mi vida".

A los ocho años, Tim fue enviado también a un colegio interno. "Mis padres no tenían tiempo para cuidarme. Querían que me forjara una personalidad fuerte, con capacidad de sacrificio y sin problemas para relacionarme dentro de un grupo. Si me hubiera quedado en casa, habría pasado solo la mayor parte del tiempo y hoy no tendría habilidades sociales", dice convencido.

Cuando volvía a casa en vacaciones, le compraban lo que quisiera: computadores, juguetes, bicicletas de carreras. Sus amigos vivían igual, así que le parecía lo normal. Al terminar el colegio, sus padres le anunciaron que se iría a Canadá a cursar la secundaria y a estudiar finanzas. El plan era que volviera a China siendo bilingüe y con un título extranjero bajo el brazo. Él lo acató. "Al principio la carrera no me llamaba la atención. Habría preferido diseño gráfico. Pero me convencieron al decirme que en Canadá podría esquiar todos los días. Era verdad: ¡es el paraíso de la nieve!"

Pasó allí siete años que según él mismo fueron "gloriosos", en los que usó sin reparos la tarjeta de crédito de su padre. Se sacó el carnet de conducir y se compró una moto y dos carros. Recorrió con sus amigos las mejores pistas de esquí de Norteamérica. Aprendió un inglés más que aceptable y podría haberse quedado trabajando, pero en cuanto se graduó su familia lo reclamó de vuelta.

"¿Nunca les llevaste la contraria?", le pregunté.

Negó solemne con la cabeza.

"Mi padre sabía que en China había muchas oportunidades y que yo podría triunfar más fácilmente aquí que en el extranjero. Por eso me pidió que volviera. No siento que me haya presionado. Nuestro concepto de amor filial es distinto del que existe en Occidente: lo sé por mis compañeros en Canadá. Los chinos podemos ser tercos con nuestros padres, pero al final hacemos lo que nos dicen. Tenemos un proverbio que dice: *Escucha a los ancianos y te ganarás el pan*".

A Tim, generoso y vital, le encantaban las sorpresas. Me envió un mensaje al teléfono: "Nos gustaría invitarte a cenar. ¡Espero que aguantes el picante!" Me citó en una dirección del noreste de la ciudad, en la habitación 208A. Supuse que se trataba de un hotel o un club. Cuando quieren celebrar algo, los chinos prefieren reservar una sala privada.

Resultó ser uno de los mejores restaurantes coreanos de la ciudad. Cuando llegué, había una fila de coches de lujo aparcados en la puerta, la mayoría con cristales opacos: tres Audis, dos Mercedes, un Ferrari y dos BMW. La maître que recibía a los clientes en la puerta llevaba un audífono como el de las presentadoras de televisión. El restaurante era un inmenso cubo de cristal distribuido en tres niveles. En la entrada había jarrones de orquídeas y un cuarteto de cuerda interpretaba a Mozart junto a un estanque con carpas rojas. Uniformadas con el *hanbok*, el traje tradicional coreano, las camareras formaban un pasillo para recibir al público, "Bienvenido", entonaban al unísono, primero en mandarín y luego en coreano, cada vez que pasaba un cliente. Los camareros, también con auriculares, conducían a cada comensal a su mesa. La habitación 208A estaba en el segundo piso, detrás de un jardín tradicional con piedras y árboles naturales.

Tim, Mimi, Li Lei y Xiao Chen ya estaban sentados a la mesa. Tim se había encargado de pedir, haciendo gala del gusto chino por la abundancia. Parecía un banquete de boda: col picante fermentada, ensaladas, tres tipos de arroces coreanos, tortillas de camarones, pulpo y cebolleta, empanaditas de setas y fideos fríos gelatinosos.

"¡Pasa y siéntate! ¡Un minuto más y nos comemos todo!", bromeó Li Lei, señalándome con los palillos. Mimi sonrió masticando. Se había rizado las puntas de la melena y llevaba un vestido beige con cuello redondo que le daba un aire de muñeca antigua.

Una camarera nos repartió cuencos de porcelana con una sopa humeante de pollo negro y jengibre, excelente para curar el catarro. Luego colocó en el centro de la mesa una piedra caliente y dos bandejas de filetes de ternera delgadísimos. "Xiao Chen se ocupa de la barbacoa", anunció Mimi. Obediente, Xiao Chen tomó las pinzas y empezó a mojar la carne en salsa antes de asarla sobre la piedra.

Li Lei picoteó la ensalada, sorbió algo de sopa y anunció que estaba llena. Encendió un cigarro rosa. Tim y Xiao Chen también fumaban, pero tabaco Chungwhua, el favorito de los empresarios. Es el que se regala en los banquetes oficiales, el tabaco patriótico por excelencia, ya que el paquete es rojo con cinco estrellas amarillas, como la bandera china, y tiene un dibujo de la Plaza de Tiananmen. Dicen que sabe a ciruela.

Se notaba que los cuatro amigos se llevaban bien. Empezaron a contar anécdotas sobre conocidos comunes del internado. Tim vivía tan intensamente las historias que se levantaba para representarlas. El resto se reía sin parar. A Li Lei le corrían lagrimones por las mejillas. Xiao Chen miraba a su amigo con admiración y remataba entretanto una botella de *soju*, el licor de arroz coreano. "Estos dos se conocieron en el internado", dijo Tim, señalando a Xiao Chen y a Mimi. "Pregúntale a ella cómo entró porque es un misterio".

Carcajada general. Miré a Xiao Chen pero fue Mimi la que respondió. "Es una historia muy larga, así que no me pidas detalles", bromea. "Básicamente, mis padres no son militares, pero entré en el internado porque tenían contactos". Atrapó un trozo de pepino con los palillos y empezó a roerlo. "Ya sabes", enfatizó, "en China los contactos son muy importantes".

Se refería al *guanxi*, (关系), que literalmente significa "red de contactos", pero que para los chinos abarca mucho más. Es una llave que abre puertas para ingresar en una buena escuela, entrar gratis a un concierto o librarse de una multa de tráfico. Llevada al extremo, sirve para que una empresa consiga una licitación pública millonaria o un delincuente no vaya a la cárcel.

"¿Querías ser militar?", le pregunté a Mimi.

"¿Militar? ¿Yo?", contestó perpleja. "¡Qué aburrido! Lo que pasa es que aquí en China los militares tienen un estatus especial. Ir a sus escuelas es la manera de encontrar un buen trabajo".

Era algo más que los cuatro tenían en común: sus padres lo habían organizado todo para que fueran parte de una élite. "Lo han dado todo por nosotros", explicó Xiao Chen. "Nos han facilitado mucho las cosas, pero eso también implica mucha presión". Tim asintió en silencio. "Todos los padres quieren que sus hijos tengan éxito en la vida", prosiguió Xiao Chen, "pero a nosotros nos han preparado desde niños. No podemos decepcionarlos".

Casi la mitad de los millonarios en China desea abandonar el país.[2] Quieren que sus hijos reciban una educación internacional, y huir de la contaminación. También escapar de la inseguridad jurídica: saben que pueden caer en desgracia de la noche a la mañana, como le ha ocurrido a decenas de magnates y funcionarios acomodados.[3] Uno de los mejores ejemplos es el de Huang Guangyu, presidente de la cadena de electrodomésticos Gome. En 2007, los medios lo describían como un emprendedor ejemplar, hecho a sí mismo, que había empezado vendiendo radios en la calle y consiguió amasar la mayor fortuna de China. Apareció en la lista de millonarios de la revista *Hurun* y tres años más tarde fue condenado a catorce años de prisión por negocios ilegales, manipulación en el mercado de valores y soborno.

Para no correr la misma suerte, los ricos evitan las listas públicas. Muchos emigran en cuanto pueden. Su destino preferido es Estados Unidos, seguido de Canadá y Singapur. Solicitan una visa de inversor extranjero, que con el tiempo les garantiza la residencia permanente. Estados Unidos, por ejemplo, concede cada año diez mil visas a quienes inviertan un millón de dólares en una empresa local, o la mitad de esta suma en una zona rural o con mucho desempleo. En 2007, doscientos setenta millonarios chinos solicitaron acogerse a este programa.[4] Tres años después, eran casi tres mil. No todos lo consiguen porque es preciso cumplir ciertos requisitos,[5] pero están dispuestos a pagar miles de dólares a diversas agencias para que les ayuden con los trámites.

La familia de Tim es una excepción. Son profundamente nacionalistas y nunca han pensado en irse. Cuando Tim estudiaba en Vancouver, sus compañeros chinos, todos con grandes patrimonios, soñaban con conseguir la nacionalidad canadiense. Preferían comprar apartamentos allí, donde realmente serían los dueños. En China, uno puede ser dueño de un coche, de una empresa o hasta de un yate, pero, por ley, el suelo sobre el que está edificada su casa es del Estado.[6] Pese a todo, los padres de Tim querían que volviera: tenían contactos en Pekín que no debía desaprovechar.

Al principio el joven se sintió extraño. Había estado siete años fuera y desconocía los códigos sociales. Su padre lo sometió a un intenso entrenamiento, paseándolo cada noche por fiestas y reuniones. Quería que abriera bien los ojos, que escuchara, y después escogiera el negocio que quería montar. El dinero no era un problema. "Los amigos de mi padre me explicaron las reglas para ser empresario en China", me explicó Tim. "Lo primero es ser buena persona, honesto y humilde. Escuchar los consejos de los demás para tratar de compensar los defectos propios. También es importante ser elocuente, porque la mayoría de los tratos se cierran gracias a las relaciones personales".

Constató que en China primero se hacen amigos y luego se cierran los tratos. "En América es posible que dos socios no tengan afinidades personales más allá del negocio. Aquí es al revés. A veces supone un problema, porque si un amigo te propone un trato, aunque no sea muy rentable, tienes que aceptarlo porque es tu amigo".

Tim se decidió por fundar una compañía para promocionar la cultura china. Su familia no lo presionó para que obtuviera beneficios a corto plazo. Lo fundamental era que el proyecto tenía cierto *glamour* y estaba vinculado a China. "Viviendo fuera me di cuenta de que cada país tiene un sabor único. Sin embargo, aquí muchos jóvenes parecen renegar de sus orígenes. Prefieren la cultura importada, Facebook, el *hip hop*. Las modas occidentales ganan peso y la idiosincrasia china se diluye. Si seguimos así, dentro de dos siglos este será un país como cualquier otro. Tenemos que sacarle partido a lo que somos".

El modelo sería Japón, que ha conseguido poner de moda sus tradiciones milenarias y exportarlas a todo el mundo. "Seguro que has oído hablar de la ceremonia del té y de los arreglos florales nipones: pues vienen de China", puntualizó. "Antiguamente, preparar el té, quemar incienso, aprender arreglos florales y la caligrafía eran el principal entretenimiento de la alta sociedad china. En la Dinastía Tang, un monje que se llamaba Jianzhen[7] las llevó a Japón. Los japoneses las rodearon de rituales ceremoniosos y hoy las venden como propias. Y ganan millones".

De momento, Tim organiza fiestas con amantes de las artes tradicionales. "Damos a conocer la cultura puramente china", explicó. "Queremos que la gente al menos sepa qué es chino y qué hemos importado de otros lugares". Al final son reuniones para que los millonarios se conozcan y hagan negocios.

Le pregunté si se considera nacionalista y le hizo gracia. "¿Quieres decir que si me gusta mi país? Claro", se rió. "¿A ti no te gusta el tuyo? Pero eso no tiene nada que ver con mi negocio. Yo monté mi empresa porque mi familia me lo sugirió, pero también porque, por mis conocimientos de marketing y finanzas, creo que la cultura tradicional china tiene mucho potencial. No es lo único a lo que me dedico, también soy socio inversionista en otras compañías. El negocio de la cultura me permite conocer a gente bien posicionada, me da acceso a otras empresas en las que puedo colocar capital. Todo está conectado, ¿entiendes?"

A su lado, Mimi parecía contrariada. Se tocó nerviosa los pendientes de brillantes en forma de lágrima, e interrumpió a Tim para preguntarme a quemarropa: "¿Pero de verdad tú te crees esa historia de que en Occidente hay democracia?" El silencio se hizo en la mesa. Mimi no esperaba una respuesta. "En Occidente", prosiguió, "piensan que la democracia es una especie de religión purificadora. Pero esos países no son perfectos. Mira lo que está pasando con la crisis. Aquí en China a la gente lo que le interesa es que vive mucho mejor que antes".

Li Lei, que trabaja en la CCTV, la televisión central china, nos observaba como si fuéramos los invitados de un programa de debate. Era la más reservada de todos y, según decía Xiao Chen, la más brillante. "¿Qué piensas del Gobierno chino?", preguntó sirviéndome otro vaso de licor. Contesté con diplomacia: "Lo que yo piense no importa. Estoy aquí para conocer la versión de ustedes". De golpe, a Mimi se le pasó el mal humor. "Has dicho todo sin decir nada… ¡pareces china!", concluyó con una carcajada. "Dejemos la política, es demasiado aburrida", dijo Mimi. "¿Saben que mi madre quiere ir conmigo al museo del sexo? Lo vio el otro día en un reportaje que sacamos en la tele y me ha llamado tres veces para preguntarme cuándo la voy a llevar".

Las camareras llamaron a la puerta y pidieron permiso para limpiar la mesa. Trajeron dos bandejas de fruta fresca y pequeños flanes de té verde, cortesía de la casa. Tim propuso un brindis por el deportivo nuevo que iba a recoger al día siguiente. No quiso decir qué modelo era para darle la sorpresa a Li Lei. Era uno de lujo porque llevaba meses en lista de espera. Xiao Chen anunció que se tomaría el día libre para acompañarlo. "Eso es un amigo. Aunque claro, tú no tienes que trabajar porque tu familia te da una asignación bastante amplia", bromeó Tim.

Xiao Chen se puso colorado. "Sí que trabajo", se excusó mirándome. "Con mis padres tenemos varias empresas inmobiliarias y nos dedicamos a vender e invertir". Reconoció que sus horarios son flexibles y gracias a eso se dedica a lo que le gusta: a esquiar en invierno y en verano a jugar golf. Tim tuvo entrenadores personales desde pequeño y le estaba enseñando. También les gustaba viajar. "Vamos mucho a Hainan.[8] Al extranjero casi nunca, porque tenemos que pedir visa para casi todas partes", explicó Xiao Chen. "Además, yo tengo que estar pendiente del negocio, no puedo irme muy lejos".

Le pregunté si le gustaba el mundo de las inmobiliarias. "Bueno… Un negocio tiene que tener dos aspectos: que te guste y que sea rentable. Si conviertes lo que te gusta en un negocio, puedes dedicarte a ello muchos años. Si tu único objetivo es ganar dinero, cuando lo consigues te entran ganas de cambiar. Por lo general los chinos hacemos negocios a corto plazo, para ganar dinero".

"Este es un país muy materialista", bromeó Mimi.

"Pero todavía nos importa la familia", señaló Tim. "La gente conserva el sentimiento del deber filial. Por otro lado, la competencia es agotadora. Hay demasiada gente, y todo el mundo quiere sobresalir. Cuando llegué no conseguía acostumbrarme". Abrió otra botella de *soju*.

Xiao Chen se puso serio, quizá por los efectos del alcohol. "Para mí lo peor es que la gente nos mire mal por tener dinero. Nosotros también necesitamos que nos reconozcan. Por ejemplo, si nos compramos una casa, la gente dice que la pagaron nuestros padres. A mí eso me hace sentir incómodo, porque tal vez no fue así. La gente habla sin saber. Me gustaría que me diera igual lo que piensan de mí, pero no puedo. Y eso condiciona mis sueños".

Le pregunté cuáles eran sus sueños y Mimi se rió. "Yo no tengo", dijo. Estaba muy borracha. "La vida es muy oscura". Se rieron todos. Xiao Chen se lo pensó un rato antes de contestar. "El mío es vivir un tornado. Tiene que ser brutal".

Cuando salimos ya no quedaba nadie en el restaurante. Los camareros estaban barriendo y nos hicieron reverencias cuando nos despedimos. Tim y Li Lei se ofrecieron a llevarme en su 4X4, pero preferí tomar el aire después de tanto licor. Con gesto desencajado, Xiao Chen llevaba del brazo a Mimi, que se tambaleaba con sus tacones imposibles. La ayudó a sentarse en el Ferrari descapotable.

"Buenas noches, que descanses", me dijo Xiao Chen estrechándome la mano. Mimi esbozó una sonrisa y echó la cabeza hacia atrás en el asiento. El motor arrancó y se perdieron enseguida entre los rascacielos. Del estruendo, un niño que pasaba por la calle con su abuelo rompió a llorar.

2

✦✦✦✦✦

Secuestrado por su propio gobierno

Cuatro paredes blancas, una bombilla en el techo encendida 24 horas al día y un colchón en una esquina. Nada más. Así era la habitación en la que estuvo confinado el abogado Jiang Tianyong durante dos meses por defender los derechos humanos en China. No había cometido ningún delito. Simplemente, era uno de los pocos abogados del país que se arriesgaron a cuestionar el sistema.[1] Como muchos disidentes fue secuestrado por la policía, interrogado bajo tortura y recluido en un lugar de Pekín que nunca llegó a identificar porque lo trasladaron hasta allí con la cabeza tapada.

Ocurrió en febrero de 2011. Mientras el abogado vivía la peor experiencia de su vida en la capital china, a miles de millas bullía la Primavera árabe. En Túnez, la población había forzado la caída del dictador Ben Ali, y en Egipto, Hosni Mubarak se había visto obligado a retirarse, después de treinta años en el poder. Las noticias llegaban a China a pesar de la censura. El Gobierno le vio las orejas al lobo: ¿Y si pasaba lo mismo en China? Las autoridades temían que se repitieran las protestas de la Plaza de Tiananmen en

1989, que se saldaron con la muerte de cientos o quizá miles de personas (no hay cifras oficiales) a manos del ejército.

Además, los meses previos a las revueltas árabes habían sido especialmente incómodos para Pekín. En diciembre de 2010, la academia sueca le concedió el Premio Nobel de la Paz al escritor disidente Liu Xiaobo. Este profesor, ensayista y poeta redactó junto con otros trescientos intelectuales chinos la llamada Carta 08 inspirada en la Carta 77 checoslovaca, pidiendo más libertades y el fin del partido único. Publicada en Internet, la Carta 08 consiguió miles de firmas de apoyo antes de desaparecer del ciberespacio. Liu Xiaobo también desapareció: el día de Navidad de 2009 fue detenido y posteriormente condenado a once años de prisión por "incitar a la subversión contra el Estado", una sentencia clásica contra los disidentes. Cuando Occidente le concedió el Nobel, Pekín no le permitió salir de la cárcel para recogerlo. En la ceremonia en Oslo, en diciembre de 2010, se colocó una silla vacía en nombre de Liu. El Gobierno chino, airado, aseguró que Occidente estaba "intentando contener el ascenso de China". Presionó diplomática y comercialmente, recrudeció la censura contra los activistas y bloqueó (todavía más) el acceso a Internet.

Así estaban las cosas cuando empezaron las revueltas del jazmín en los países árabes. Aunque en China las protestas apenas tenían eco,[2] las autoridades estaban decididas a aplastar cualquier conato de disidencia, por lo que pudiera pasar. La Primavera árabe coincidió con la peor campaña de represión en dos décadas y el abogado Jiang Tianyong fue una de las víctimas.

Con el pelo revuelto, el pantalón amarrado por encima de la barriga y los zapatos negros de plástico gastado, Jiang Tianyong parece más un vendedor de verduras que un experto en derecho. En China es típico que los intelectuales acepten entrevistas en casa y abran la puerta en bata y zapatillas del oso Winnie the Pooh.

No reparan en hacer una pausa para escupir ruidosamente si hace falta: son humildes, exquisitamente serviciales y lo que les importa es la esencia de la conversación.

Al abogado Jiang le gustaría recibirme en su apartamento pero no puede. Su secuestro terminó hace unos meses y lo vigilan desde entonces. Para que lo soltaran, entre otras cosas, tuvo que prometer a la policía que no se reuniría con extranjeros, y mucho menos con periodistas. Lo más práctico es que nos veamos en los locales de la ONG para la que colabora como asesor. No puede trabajar en otro sitio desde que el Gobierno le retiró la licencia de abogado. Una hora antes de nuestro encuentro, me avisa a través de un conocido de que cambiamos de localización. No tiene pruebas de que nos hayan seguido, pero así funcionan las cosas para los disidentes en China. Viven en guardia. Por si acaso.

Cuando por fin nos encontramos, me estrecha la mano con firmeza. Tiene una sonrisa muy cálida, los hombros un poco caídos y es informal y acogedor. Bromea sobre el calor que hace y lo feroces que pueden ser los mosquitos en Pekín. Parecería que hemos quedado para tomar unas cervezas, no para hablar del terror que padeció. Pero cuando entra en materia, su relato es impecable, recuerda cada cifra, domina las pausas. He entrevistado a otros torturados incapaces de hilar dos frases seguidas, con la mirada perdida, que le tienen pánico a todo lo que les evoca su calvario, ya sea una puerta cerrada o una toalla húmeda. Jiang se sienta con parsimonia, se centra y escucha. La cadera todavía le duele. Durante su secuestro, los policías lo obligaron a pasar varias semanas sentado en la misma posición, con la espalda totalmente erguida y los brazos extendidos sobre las rodillas. Desde entonces, tiene problemas intestinales y la piel de las nalgas hipersensible porque de no moverse se le llenó de llagas.

Lo primero que aclaramos es si su nombre aparecerá en este

libro o no. "Si cuando termines de escribirlo ya me permiten hablar con extranjeros, puede salir; si no, usa un seudónimo y cambia todos los nombres de barrios y ciudades", me pide. Salvo eso, tiene pocas reservas a la hora de contar su historia: qué lo llevó a convertirse en abogado defensor de derechos civiles, una de las profesiones más arriesgadas en China, cómo empezaron a apretarle las tuercas y en qué pensó el día que lo secuestraron las propias fuerzas de seguridad de su país.

Los activistas chinos forman un círculo muy pequeño. No son, ni mucho menos, héroes nacionales. Cuando le dieron el Nobel a Liu Xiaobo, por ejemplo, la inmensa mayoría de los ciudadanos chinos no sabía ni quién era. Los propios disidentes, sin embargo, forman una gran familia, con algunos miembros mal avenidos, como los parientes de verdad. Saben que existe una línea roja (y así la llaman) que el Gobierno no les permite franquear. Pueden hablar de ciertos temas como las desigualdades de renta o la explotación de los emigrantes en las ciudades, pero en cuanto cuestionan el núcleo duro del sistema, el partido único, son conscientes de que su libertad tiene los días contados.

Tres noches antes de que lo secuestraran, Jiang fue a encontrarse con otros abogados a un restaurante del oeste de Pekín. Entre ellos había figuras emblemáticas de la lucha por los derechos humanos en China, como Teng Biao y Tang Jitian. Se habían citado para decidir cómo ayudar a su viejo amigo Chen Guangcheng, un activista ciego que criticó la esterilización y los abortos forzosos de miles de mujeres,[3] pasó cuatro años en la cárcel y fue condenado luego a arresto domiciliario hasta que escapó, en abril de 2012.[4] En la cena, los abogados decidieron ir a ver a Chen a su pueblo en la provincia de Shandong, aunque sabían que lo más probable era que los detuvieran antes de llegar a la casa.[5]

Jiang no tuvo tiempo de emprender el viaje: al salir del restaurante, lo estaba esperando un policía. Lo llevó a una comisaría donde, entre empujones, varios agentes lo acribillaron a preguntas. "Querían saber por qué nos habíamos reunido y si tenía algo que ver con las revueltas del jazmín en el mundo árabe", explica. "Les aseguré que no y me dejaron ir".

Tres días más tarde, recibió una llamada en su teléfono. Era un funcionario de la Oficina de Seguridad.[6] Recuerda así la conversación:

—Abogado Jiang, necesitamos hablar con usted un momento. Baje, por favor.

—No estoy en mi apartamento. He venido a almorzar a casa de mi hermano.

—Lo sabemos. Estamos aquí. Baje, por favor.

Cuando llegó al portal, un agente le quitó el teléfono y otro le cubrió la cabeza con una chaqueta y le apretó tanto la tela contra la nariz que le entraron arcadas. Lo metieron a empujones en una furgoneta y perdió el conocimiento.

Cuando despertó estaba tirado en la habitación de las paredes blancas, con la cara apoyada en el suelo. El hormigón, fresco y húmedo, le aliviaba la hinchazón de los golpes. No tuvo que comprobar que la puerta estaba cerrada por fuera: comprendió de inmediato que, después de la paliza, lo habían llevado a una cárcel negra. Estas mazmorras ilegales no son prisiones comunes, sino habitaciones que el Gobierno chino tiene por todo el país en los sótanos de hoteles estatales, sanatorios, asilos, o en apartamentos de alquiler. Pekín niega que existan, pero hasta la comedida prensa oficial habla de estas cárceles negras, adonde van a parar disidentes políticos y los llamados peticionarios, ciudadanos corrientes que han denunciado casos de corrupción o abusos del sistema.

En teoría, desde la época imperial cualquiera en China puede protestar contra la expropiación ilegal de sus tierras y la corrupción o las malas actuaciones de las autoridades nacionales, regionales y locales. En todas las capitales de provincia existen oficinas con este propósito. Pero, en la práctica, pobre del que se atreva a protestar. A los funcionarios de turno les perjudica que en su jurisdicción se registren muchas quejas porque tienen que dar explicaciones a sus superiores. Los peticionarios resultan incómodos, de modo que se ordena su detención antes de que lleguen a denunciar. Algunos funcionarios públicos y policías provinciales pagan entre veinte y cuarenta dólares diarios a bandas de matones para que los secuestren, según un informe escalofriante de la ONG Human Rights Watch.[7]

En las cárceles negras, los peticionarios sufren todo tipo de vejaciones. A los menos conflictivos los sueltan una vez que han retirado sus denuncias, pero suelen quedar traumatizados por los golpes y las amenazas. A los activistas, como el abogado Jiang Tianyong, solo los dejan en libertad después de someterles al *xi nao* (洗脑), o "lavado de cerebro", como en los viejos tiempos de la reeducación ideológica maoísta. Por último, están los que resultan demasiado incómodos para las autoridades, porque se han enfrentado directamente al Partido o a alguna empresa estatal. Van a parar a campos de trabajos forzados, donde los pueden retener sin derecho a juicio hasta cuatro años. En el peor de los casos los internan en los llamados *an kang* (安康), sanatorios psiquiátricos, gestionados por el Ministerio de Seguridad. Según algunos testimonios son lo más parecido al infierno: dentro hay ciudadanos perfectamente cuerdos, recluidos con enfermos mentales y medicados a la fuerza, que pueden permanecer encerrados hasta que mueren. Fue el caso de Chen Miaocheng, un antiguo empleado del gigante petrolífero estatal Sinopec. En 1995, Chen ingresó en uno de estos sanatorios contra su voluntad con "esquizofrenia paranoide", según el informe médico. En diciembre de 1996, los doctores insistieron en que Chen debía recibir el alta, pero el psiquiátrico se negó a dársela sin autorización de Sinopec. La petrolera no accedió y Chen murió doce años después en el hospital. En su autopsia figura que falleció a causa de una neumonía. De nada valió la batalla legal de la viuda de Chen: Sinopec salió indemne. Afortunadamente, a Jiang Tianyong lo retuvieron y lo torturaron, pero no llegaron a internarlo en un sanatorio mental.

De la primera noche de encierro no recuerda casi nada. Le dieron tal paliza que le retumbaban las sienes y todo le daba vueltas. "Llegó un momento en que dejé de sentir dolor", explica Jiang. Lo peor vino al cabo de tres días, cuando un agente del Ministerio de Seguridad se presentó en la habitación:

"A partir de ahora tendrás que seguir las reglas", le anunció en un tono monocorde. "Te levantarás a las seis de la mañana y lo primero que harás será avisarme diciendo: Señor, perdóneme. Ya me he despertado. Amo a mi país y acepto la educación que ha preparado para mí el Gobierno. ¿Te queda claro? Tu vida está en nuestras manos, ¿eres consciente de eso?"

Lo vigilarían dos personas a la vez, en cuatro turnos diarios de seis horas. No podía hablar, salvo para pedir agua o ir al servicio. Al baño lo acompañarían los dos guardianes.

"¿Sabes cantar?"

Jiang respondió humildemente que no.

"Bien, entonces leerás en voz alta hasta que te digamos que pares", sentenció el agente, tendiéndole un libreto de canciones revolucionarias".

Cada mañana tendría que leer de corrido las letras de *El Partido, mi querida madre*, *Ondea la bandera roja de cinco estrellas*[8] y *Bandera roja de cinco estrellas, eres más importante que mi propia vida*. Jiang dijo que sí a todo, por surrealista que le pareciera. Sabía por otros disidentes lo que podían llegar a hacerle si se resistía.

Sus captores prometieron que lo dejarían dormir y comer a determinadas horas, pero casualmente empezaron a elegir esos momentos para interrogarlo. Pasó varios días sin pegar ojo, mientras dos agentes de la Oficina de Seguridad Pública lo ametrallaban a preguntas: por qué se dedicaba a defender a miembros de Falun Gong,[9] por qué había aceptado casos de campesinos expulsados de sus tierras y qué contactos tenía con extranjeros. "Intenté explicarles que la cabeza me iba a estallar, que necesitaba descansar un poco para recordar, pero les daba igual, seguían con lo mismo hasta las cinco de la madrugada. A las seis tenía que levantarme y leer en voz alta las canciones patrióticas. En una ocasión me quitaron la silla y me obligaron a sentarme en el suelo, en posturas tan incómodas que se me inflamaron los testículos. Casi no podía orinar", recuerda Jiang.

Nada de lo que estaba viviendo le extrañaba: algunos colegas le habían contado historias muy parecidas de sus detenciones. "Lo más desesperante era estar rodeado de paredes blancas, sin ningún objeto al que mirar, sin letras que leer. Al cabo de unos días vivía mareado. Sabía que eso formaba parte de mi reeducación: quieren desorientar al preso", cuenta. Se obligó a mantener la mente despierta. Contaba, de delante hacia atrás, de atrás hacia delante. Visualizaba leyes, contratos, sentencias. Y pensaba mucho en la vieja carretera que iba de su casa al centro del pueblo, en lo que había sido su historia antes de llegar allí.

¿Cómo se convierte uno en disidente? Jiang no creció entre intelectuales, sino en una familia de campesinos adiestrados por la propaganda maoísta. Tuvo una infancia sencilla: hacía sus necesidades en un agujero, como es habitual en el campo, y llegaba tarde a la escuela porque se quedaba jugando en los maizales. Era curioso, despierto y alegre. A veces se le olvidaba estudiar. En otra parte del mundo, habría sido un niño revoltoso con potencial, pero el estricto sistema chino penaliza la espontaneidad y solo prosperan los estudiantes modelo, es decir, los que obedecen.

Cada mes, el colegio presentaba una clasificación de todos los alumnos, del primero al último. Es parte del esquema educativo en China: poner en evidencia a los que sacan peores notas y a sus familias. Jiang siempre quedaba entre los últimos. Sus padres, con la cara cuarteada de trabajar bajo el sol, le rogaban que se aplicara para salir de la aldea. "Ya ves lo dura que es la vida de la gente aquí en Henan", le decían, "Tienes que hacer lo que sea para cambiar tu destino e ir a la universidad".

Por entonces corría 1977 y acababa de terminar la Revolución Cultural,[10] un período de auténtico terror y xenofobia que dejó a China hundida en la miseria económica e intelectual. Mao acababa de morir y en el Partido Comunista se abrió una etapa de luchas internas por el poder. Aquellos que habían sido acusados de contrarrevolucionarios empezaron a ser "rehabilitados". No obstante, en el campo, donde vivía Jiang, la situación seguía siendo dramática: los campesinos a duras penas lograban comer. El Gobierno empezó a temer que se repitiera el desastre del Gran Salto Adelante, cuando murieron más de veinte millones de personas de pura inanición.[11]

Jiang tenía solo siete años, pero lo que veía a su alrededor ya empezaba a exasperarle: si sus padres eran pobres como ratas, ¿por qué tenían que entregar parte de su cosecha al gobierno local? "Recuerdo verlos bajando la montaña con un calor asfixiante, acarreando sacos de grano de ciento treinta libras hasta la oficina del Partido. Tres millas con esos fardos enormes, y ellos haciendo equilibrio con los dientes apretados", recuerda. Un episodio lo marcó en particular:

"Los vecinos del pueblo entregaban el mejor grano que habían recogido, limpio y seco. Pero los jefes del Partido siempre ponían problemas y les hablaban con desprecio. Un día dijeron que el

SECUESTRADO POR SU PROPIO GOBIERNO

grano no era lo suficientemente bueno porque estaba húmedo. No hubo manera de convencerles de que no era así. Los campesinos, incluidos mis padres, tuvieron que esparcirlo sobre el cemento, a las puertas del gobierno local. Se pasaron todo el día secándolo. Cuando empezaba a anochecer e iban a recogerlo, cayó un chaparrón. Nunca olvidaré las caras de desesperación de todos mientras se empapaba el cereal".

Las contradicciones entre el campo y las ciudades se acentuaron a partir de 1978, cuando el primer ministro Deng Xiaoping tomó las riendas del poder e instauró una serie de reformas económicas que abrieron el país al mundo. China y Estados Unidos restablecieron relaciones diplomáticas y empezaron a llegar estudiantes y turistas extranjeros. En 1979, durante el viaje oficial de Deng a Estados Unidos, la televisión estatal le mostró a los chinos a su primer ministro con un gorro de cowboy en un rodeo de Texas.

En las escuelas, los maestros seguían siendo el altavoz del Partido Comunista, pero hablaban de apertura, de protección a los ciudadanos y del progreso de China. "Cada día, en clase de política, recitábamos muchas consignas de memoria. Yo me las sabía todas, pero no entendía para qué servían", recuerda Jiang. "Canturreábamos, por ejemplo, que la vivienda de cada uno estaba protegida por la ley, pero después yo me quedaba pensando que en nuestro pueblo los funcionarios entraban a las casas cuando querían. Empecé a ver el desfase entre lo que nos enseñaban y la realidad".

La década de los ochenta, justo antes de la matanza de Tiananmen, trajo un cierto florecimiento intelectual después de la Revolución Cultural. Seguía existiendo un fuerte control pero muchos artistas recuerdan que se abrieron espacios de libertad y contracultura, rendijas por las que se colaba la crítica. La prueba fue un documental provocador llamado *Heshang* (河殇, "elegía del río"), que emitió la cadena oficial CCTV en junio de 1988. *Hes-*

hang usaba el Río Amarillo como metáfora para representar a China y trataba de explicar en seis episodios por qué el país seguía atrasado en el mundo. Para los autores, los símbolos más valiosos de su civilización milenaria, la Gran Muralla o el Río Amarillo, estaban lastrándola: la muralla la mantenía aislada y el fondo del río estaba cubierto de fango, que obstaculizaba la corriente. El documental apoyaba las reformas propuestas por el Secretario General del Partido, Zhao Ziyang, pero disgustó profundamente al ala más conservadora.

El último episodio de *Heshang* hacía una clara referencia a la dictadura y calificaba la democracia de transparente, de reflejo de la voluntad popular.[12] Tuvo gran impacto entre la población, que por primera vez veía cuestionados por televisión el confucianismo y las ideas tradicionales. Unos meses más tarde, en la primavera de 1989, Jiang empezó a leer en los periódicos que en Pekín miles de estudiantes se habían concentrado en la Plaza de Tiananmen, a pocas yardas de la sede del Gobierno. La información llegaba con cuentagotas, pero hasta los eufemismos de la propaganda oficial hacían pensar que algo se estaba cocinando en la capital. Jiang y sus compañeros empezaron a juntarse en los descansos entre clases para comentar los editoriales del Diario del Pueblo. "El día 26 de abril, no se me olvidará, el periódico dijo que los estudiantes eran contrarrevolucionarios y habló de las protestas como una insurrección planeada", recuerda Jiang. "Entonces supimos que la cosa era importante".

Efectivamente, en Pekín estaba gestándose un punto de inflexión en la historia contemporánea china. Miles de personas habían empezado a cuestionar la manera de hacer las cosas del Gobierno. Y lo hacían en un lugar cargado de simbolismo: la Plaza de Tiananmen, frente a la Ciudad Prohibida, donde vivieron los emperadores, a poca distancia de la sede del Gobierno y del mausoleo de Mao.

Las protestas duraron un mes y medio, no siempre con la misma intensidad. Se puede decir que empezaron el 15 de abril, coincidiendo con la muerte del ex Secretario General del Partido Comunista, Hu Yaobang. Dos años antes apoyó en solitario una manifestación estudiantil, lo que le costó su puesto en el Politburó. Algunos estudiantes consideraban que se había cometido una injusticia y en su funeral exigieron que se restableciera su imagen, concentrándose en la famosa plaza.

A los jóvenes se sumaron intelectuales y obreros y, poco a poco, fue fraguándose un movimiento heterogéneo. Unos reclamaban más libertades y que la apertura económica fuera acompañada de una reforma política como en la URSS; otros protestaban contra la inflación, la corrupción y la injusticia social. Había quienes estimaban que el Gobierno estaba centrando todos sus esfuerzos en modernizar el campo y olvidándose de las ciudades, donde crecía el desempleo.

El Partido Comunista movió ficha a través de su altavoz, el *Diario del Pueblo*. El editorial que Jiang y sus compañeros leyeron en un corro después de clase acusaba a los estudiantes en Pekín de antirrevolucionarios y de querer sembrar el caos. Los manifestantes, que se consideraban patriotas, se indignaron. Dijeron que no querían traicionar a China, sino mejorarla. Durante las semanas siguientes, boicotearon las clases y miles de ellos emprendieron huelgas de hambre.

Ese era el panorama el 15 de mayo cuando Mijail Gorbachov aterrizó en Pekín. Desde el punto de vista protocolario, su visita fue un desastre: el líder soviético no pudo ni siquiera entrar en la Ciudad Prohibida: más de un millón de personas se agolpaban con pancartas a las puertas del antiguo palacio imperial. Los estudiantes aclamaron a Gorbachov por su política de apertura progresiva e incluso le entregaron una carta, pero para las autoridades chinas el episodio supuso una auténtica vergüenza. Cinco días más tarde, Pekín decretó la ley marcial.

Algunos miembros del Politburó querían negociar con los estudiantes, pero el ala dura se impuso: había que desalojar Tiananmen al precio que fuera. En la noche del tres al cuatro de junio, el Gobierno ordenó a los soldados que tomaran la plaza con tanques. El ambiente llevaba semanas muy caldeado y muchos padres, temiendo lo peor, trataron de impedir que sus hijos fueran. Los testigos de esa madrugada hablan de tiros, gritos, mucha confusión y sangre por las calles. La masacre no se produjo en la propia Tiananmen, sino en los callejones aledaños, que se convirtieron en una trampa sin salida. Había cadáveres frente a las bocas de metro, en las cunetas, junto a las paradas de bus, según han contado varias madres de las víctimas. Nunca se ha sabido cuánta gente murió: podrían ser entre varios centenares y varios miles. Durante los días siguientes muchas familias desesperadas recorrieron hospitales y morgues buscando a sus seres queridos. Con el tiempo, varios médicos confesaron que recibieron órdenes explícitas de no atender a los heridos y en ningún caso entregar los cadáveres a las familias. Miles de personas fueron detenidas y torturadas; otras tantas se exiliaron; los corresponsales extranjeros sufrieron más que nunca el hostigamiento de las autoridades[13] y algunos fueron expulsados de China.[14]

A más de seiscientas millas, en su aldea de Henan, Jiang no se enteró de lo ocurrido hasta meses más tarde. Se había quedado en que los estudiantes y los obreros protestaban en la plaza. "Ni mis amigos ni yo nos planteamos ir a Pekín, no teníamos dinero para el tren. Había que conformarse con los periódicos, pero no contaban casi nada. Lo que me llamó la atención fue que, antes del 4 de junio, muchos de nuestros profesores apoyaban a los estudiantes de Tiananmen, pero después de esa fecha la mayoría se desdijo". El tema fue volviéndose tabú hasta que a Jiang solo le quedaron unos pocos amigos con los que hablar con libertad. A día de hoy millones de chinos desconocen lo que pasó.

Los años posteriores a Tiananmen fueron difíciles para todo aquel que se saliera del guión. Jiang se centró en sacar adelante su carrera. Siempre le había interesado el derecho, pero no obtuvo la nota suficiente y estudió filología china, que también le gustaba. Ejerció como profesor durante diez años, de 1994 a 2004. Fueron buenos tiempos: conectaba con los alumnos y llevaba una vida tranquila. Seguía planteándose valores como la libertad y la justicia, pero en su mente no existía el concepto de derechos humanos.[15]

"¿En qué momento se produjo el *clic* en su cabeza?", le pregunto.

"Cuando me tocó enseñar Educación Política a los estudiantes de último año de secundaria. No podía hacerles aprender el temario que nos habían dado, era pura propaganda. Así que les expliqué que separaría la clase en dos: por un lado enseñaría lo que aparecía en el libro para que aprobaran los exámenes y por otro, hablaríamos de cómo eran las cosas en realidad", cuenta riéndose.

Por esa época solía charlar por teléfono con su buen amigo Li Heping, que llevaba un par de años como jurista en Pekín. Li no paraba de animarle a cambiar de vida. "Tienes que presentarte al examen de abogado", le decía Li Heping. "Esto es para ti. No te harás rico, pero harás algo valioso". Jiang le dio muchas vueltas. Pensó en los escritos de Robespierre y Danton que tanto le habían emocionado, en la Revolución Francesa, en la Guerra de Independencia de Estados Unidos. Algo debería hacer el pueblo chino para hacerse oír. A los pocos meses, renunció a su puesto de profesor, hizo la maleta y cogió un tren a Pekín.

Su primer caso fue una denuncia por abuso laboral, el pan de cada día en China. Un obrero de la costa este se había quedado ciego de un ojo soldando un edificio sin protección, pero su patrón se negaba a indemnizarlo. "La familia del trabajador estaba desesperada: habían recurrido a varios abogados, pero la empresa los había comprado a todos", recuerda Jiang. Cuando ganó el caso sintió que emprendía un viaje sin retorno.

A los pocos días, recibió una llamada de Chen Guangcheng (el activista ciego al que años más tarde decidió visitar con otros abogados justo antes de que lo detuvieran). Chen luchaba entonces por sacar a la luz la aplicación brutal de la ley del hijo único[16] en la China profunda. Le describió un panorama horrendo: en el distrito de Linyi, en la provincia de Shandong, las autoridades locales estaban esterilizando por la fuerza a miles de mujeres y obligando a abortar a otras tantas. Al teléfono, Chen sonaba muy alterado: "Tienes que venir, Jiang", le imploró. "Los vecinos están aterrorizados. No quieren dormir en sus casas porque por la noche los oficiales hacen redadas y se llevan a las mujeres. Están deteniendo y torturando a las que se niegan a abortar o a ser esterilizadas. ¡Están drogando a chicas embarazadas para sacarles el feto del vientre!"

Jiang se quedó perplejo. "Me costaba creer que a solo quinientas millas estuviera cometiéndose semejante barbarie". Sin perder tiempo, se lanzó a la carretera con un compañero para verlo con sus propios ojos. Estaba anocheciendo cuando estacionaron en una de las aldeas que había indicado Chen. "Asistimos a la escena en directo. Oímos gritar a varios vecinos: ¡Ya vienen! ¡Ya vienen los demonios![17] Diez funcionarios locales llegaron a bordo de varios vehículos. Al vernos con los vecinos y oír que hablábamos mandarín en lugar del dialecto local, se pusieron muy nerviosos y se marcharon". Pese a todo, las agresiones en Linyi no cesaron. El gobierno regional aseguró que tomaría medidas, pero no fue así. Cuando al cabo de unos meses otros abogados acudieron a apoyar a los vecinos, los funcionarios habían contratado a unos matones para darles una paliza.

Jiang fue haciéndose cargo de casos sensibles: hoy eran campesinos despojados de sus tierras por la especulación inmobiliaria;

mañana, practicantes del movimiento espiritual Falun Gong; pasado, víctimas de transfusiones de sangre infectada con el VIH en hospitales públicos. En China, este tipo de aberraciones son inagotables. "No es que quisiera especializarme en este tipo de casos, pero tampoco los rechazaba", asegura Jiang. "Cuando te dedicas a temas delicados sabes que ganarás poco, tendrás detrás a la policía secreta y te acosarán hasta quitarte la licencia. Y hay tan pocos abogados dispuestos, que al final somos siempre los mismos".

Tarde o temprano sabía que lo llamarían del Ministerio de Seguridad para invitarlo a un té, un eufemismo para referirse a un interrogatorio policial. El esquema suele ser el siguiente: el disidente o periodista recibe una llamada de un funcionario que lo emplaza muy cordial a una reunión, a menudo en una tetería. Una vez allí, el tono puede ser amable o amenazador, dependiendo de lo molesto resulte el sujeto para el Gobierno. Jiang estaba entrando en la categoría de indeseable, y se lo hicieron saber.

"Fue en la primavera de 2005. Unos días antes me había reunido con otros abogados que llevaban casos de miembros de Falun Gong y varios agentes de civil nos habían seguido. Cuando recibí la llamada del Ministerio supe que estaba en peligro, pero no me quedó más remedio que ir. Me citaron en un salón de té cerca de mi casa en Pekín. Nos saludamos, intercambiamos las tarjetas de visita como en cualquier reunión de negocios y me preguntaron educadamente en qué había trabajado antes y por qué había decidido convertirme en abogado", relata Jiang. "Querían saber de dónde conocía a los otros juristas relacionados con Falun Gong y cuáles eran nuestros propósitos. Yo respondí a todo muy tranquilo. Era la primera vez que me citaban y había decidido mostrarme sincero mientras me trataran con respeto. Les dije que quería contribuir al progreso de las leyes chinas".

El tono de los agentes fue cambiando con el paso de las horas.

"Me dijeron que en realidad mis amigos abogados tenían intereses ocultos, que eran marionetas de un complot extranjero para hundir a China", cuenta Jiang. Dos teteras más tarde, uno de los agentes zanjó la velada:

"Yo creo que lo mejor sería que volvieras a Henan a ser profesor", le dijo.

Jiang se puso en guardia: "¿Es una amenaza?"

"No, claro que no", respondió el policía. "Es un consejo, porque somos amigos y los amigos dan consejos".

Después de esa cita hubo muchas más. Jiang notaba que lo vigilaban de forma más estrecha cuando se acercaban fechas sensibles, para impedir que se reuniera con otros activistas o con medios de comunicación. En una ocasión, antes del aniversario de la matanza de Tiananmen lo pusieron ilegalmente bajo arresto domiciliario. En la puerta de su apartamento, dos hombres vigilaban 24 horas diarias. No pudo salir en varios días, pero siguió trabajando. Continuaban llegándole casos de abusos de las autoridades contra ciudadanos totalmente desamparados. En Shandong no habían cesado las barbaridades por la política del hijo único, solo que nadie decía nada: el Gobierno había prohibido que se acercaran a la zona los medios de comunicación. Le impactó en especial el caso de una mujer de veintiocho años que había quedado casi paralítica por los medicamentos que le inyectaron para esterilizarla a la fuerza.

Llegó un momento en que tuvo que plantearse el mismo dilema que muchos chinos a lo largo de sus vidas: podía ir contra la corriente o dejarse mecer por ella. Nunca dudó de qué camino tomar.

Durante su cautiverio no le quedó más remedio que escarbar en sus recuerdos: los policías lo obligaron a escribir cientos de páginas sobre lo que hacía, su familia y sus contactos. Redactó disertaciones enteras acerca de sus gustos literarios y sus aspiraciones para el futuro. Todo tenía que tener un tono muy preciso: el del arrepentimiento. No le estaban pidiendo sus memorias, sino una autocrítica.[18]

Le costaba cada vez más concentrarse en aquella habitación vacía. "Estaba desesperado, en gran parte por la falta de sueño. El cansancio es peligroso. A veces me daba miedo a mí mismo porque me entraban unas ganas irrefrenables de estampar la cabeza contra la pared o de liarme a golpes con los guardianes que me traían la comida. Justo cuando notaron que estaba más debilitado psicológicamente, me ordenaron que empezara a escribir".

Tuvo que redactar ocho temas, divididos en secciones. Por ejemplo, en uno debía explicar qué sabía de la Revolución del Jazmín, qué le parecía y por qué. Otro versaba sobre sus conexiones con el extranjero: qué embajadas conocía, a qué diplomáticos y periodistas y de qué hablaba con ellos. También tuvo que disertar sobre su propia reeducación, por qué lo sometían a ella y con qué enseñanzas pensaba quedarse. Ojo con no reproducir argumentos: querían conclusiones originales.

Pasó veinte días escribiendo. Al terminar, le ordenaron repetirlo todo porque "no era suficientemente sincero ni profundo". Reescribió los ocho temas tres veces. A continuación, le pidieron un resumen de cinco páginas. El cerebro le daba vueltas. Lo grabaron en vídeo explicando que había escrito y por qué. A algunos disidentes les exigen que renieguen de sus ideas ante la cámara y luego utilizan esos videos para desacreditarlos. "Cada vez que decía una palabra que no les gustaba, paraban la grabación y durante cuatro o cinco días me instruían sobre ese término concreto. Por ejemplo, me preguntaron que quién era para mí el Dalai Lama. Yo respondí que un personaje público y se enfurecieron. ¿Cómo que un personaje público?, dijeron. Es el líder de un grupo separatista que ha intentado dividir a China durante años. Es el mismísimo diablo, ¿cómo te atreves a decir que es un personaje público? Intenté retractarme, pero era demasiado tarde. Pasaron cinco días desmenuzando la definición de personaje público, la etimología, las acepciones y las diferencias entre "personaje público" y "líder". Era totalmente ridículo, era kafkiano, pero no paraban. Por mucho que les jurara que ya lo había entendido, seguían cacareando las definiciones para torturarme. Pensé que iba a volverme loco", cuenta apretándose las sienes.

A veces los vigilantes combinaban los interrogatorios con preguntas surrealistas. "Hoy vamos a hablar sobre tus inclinaciones promiscuas. ¿Quieres a tu mujer?" Jiang no daba crédito. Sus torturadores hablaban como si fueran presentadores de un programa del corazón. Por lo que pudiera pasar, contestó la verdad muy serio: claro que quería a su esposa, no la había engañado nunca. El jefe del interrogatorio bramó: "¡Mentira! ¡Sabemos que has tenido tantas relaciones con otras mujeres! Lo sabemos todo sobre ti, no lo olvides".

Un par de semanas antes de soltarlo, los policías le preguntaron qué planeaba hacer al salir. Otros disidentes torturados le habían contado que esa pregunta solía significar que pensaban dejarlo en libertad.

"Piénsalo y esta noche se lo explicas a nuestro jefe", dijeron los agentes.

Jiang no supo qué hacer. Si decía la verdad, que su propósito seguía siendo abogar por el cumplimiento de la ley y hacer lo posible para que mejorara su país, quizá se echarían para atrás y no lo soltarían. Con el poder que tenían, tarde o temprano iban a enterarse. Cuando el jefe de policía irrumpió en la habitación horas más tarde, entre las reverencias de sus subordinados, un Jiang pálido, ojeroso y con mechones de pelo grasiento cayéndole por la frente le anunció, con las palabras más ambiguas que encontró, que seguiría trabajando por el cumplimiento de la ley. El policía frunció el ceño y se marchó.

Los vigilantes se apresuraron a entrar en la habitación:

"Si sigues sin cooperar ¿cómo vamos a estar contentos contigo?", lo reprendieron. "¿Cómo va a estar satisfecho el jefe? Tendrías que haberle dicho que de ahora en adelante cooperarás con la policía. ¿No has pensado en tu familia? ¿Qué culpa tienen ellos de que seas tan obstinado? No haces más que hablar de la ley, la ley, la ley… Si quisieras cooperar el Gobierno podría conseguirte trabajo en un bufete oficial, en poco tiempo serías el jefe. Ganarías mucho más dinero".

Vio de nuevo la luz del sol el 19 de abril de 2011. No sabe por qué escogieron esa fecha. Su liberación fue arbitraria, al igual que el secuestro, los interrogatorios y las acusaciones. "Los últimos días me hice el dócil, respondí lo que creía que diría alguien reeducado. Me imagino que funcionó", dice.

Sus captores lo devolvieron al lugar donde lo habían secuestrado, cubriéndole la cabeza con una tela negra. Antes de marcharse, le exigieron que mantuviera al corriente a la policía de los sitios a dónde iba y con quién. Le recordaron que era muy fácil hacerlo desaparecer o que tuviera un accidente. "Me prohibieron asistir a encuentros sensibles, salvo que fueran muy sensibles. Entonces debía ir y hacerles un informe", cuenta riéndose.

"¿Y ahora qué?", le pregunto.

Se encoge de hombros y hace una mueca de resignación. Ha perdido su licencia de abogado, y solo puede trabajar como asesor legal. Su puerta ha amanecido sellada con silicona en cuatro ocasiones. De vez en cuando, alguien le pone un candado extra a la bicicleta de su mujer. Su hija solo tiene nueve años, pero sabe que su familia no es como las demás. Jiang me cuenta que un día llegó pálida del colegio porque un policía había ido a preguntarle si sabía lo que hacía su padre. Se han acostumbrado a vivir con el correo electrónico y el teléfono intervenidos. Su mujer lo apoya, pero tiene pesadillas. Cuando le pregunto cómo aguanta, se quita las gafas y se frota los ojos.

"Es lo que hay", dice. Suspira y mira por la ventana. Está anocheciendo y afuera hay un tráfico monumental. "Los activistas chinos no hacemos nada malo ni ilegal, la prueba es que en otros países nos apoyan. Simplemente queremos cambiar la situación. Si no lo hacemos, las generaciones que vengan padecerán lo mismo. El problema de fondo en este país es el partido único. Todo el sistema se sustenta en el Partido Comunista, que lo maneja todo y trabaja para favorecer a unas cuantas familias. El Partido controla el Gobierno, los tribunales y la Asamblea General del Pueblo, las empresas estatales y los medios de comunicación No hay independencia de poderes. Detrás de la policía, los medios y los jueces, está el Partido. Mientras exista un partido único, nada cambiará. Seas quien seas, incluso un policía, el sistema acabará contigo si es necesario".

¿No ha pensado exiliarse? Algunos amigos suyos lo han hecho. Hay cientos de disidentes chinos en Europa, Australia y Estados Unidos. Es una decisión complicada: muchos se sienten culpables de claudicar, deprimidos por dejar a su familia, a sus amigos, a su país. Comentamos el caso de Wang Yanhai, uno de que los activistas más importantes en la causa de los enfermos de sida. Es un gran amigo de Jiang. Cuando lo entrevisté, en 2009, me contó que tenía unos dolores atroces de espalda. También lo habían torturado y llegó a un punto en que no aguantó. Muy a su pesar, en mayo de 2010 hizo las maletas y se marchó con su mujer y su hija a Estados Unidos. Cuando llegó a Washington, me explica Jiang, no necesitó hacer rehabilitación porque los pinchazos desaparecieron: lo que tenía era puro estrés.

"Mi mujer y yo lo hemos pensado muchas veces. Si nos vamos, ¿quién va a cuidar a nuestros padres? Será muy difícil que podamos volver". Vuelve a desviar la mirada hacia la ventana y sigue

40

hablando como para sí mismo. "Una vez estuve en Holanda y me pareció precioso. China tenía edificios históricos bellísimos, pero los han ido destruyendo. Si nos fuéramos a Estados Unidos sé que mi hija podría destacar en los estudios, no como aquí, donde yo soy una mancha en su historial. Sí, ya sé que América y Europa son muy bonitas. Pero es que China podría serlo también".

3

※※※※

Un marido gay para disimular

Xiao Qiong se casó hace tres años con el amor de su vida pero nunca se ha acostado con él. Ni siquiera se han besado. Su marido es homosexual y ella lo sabía desde el principio. Pero, tradicional hasta la médula como es, educada para sobresalir en la escuela, convertirse en una esposa abnegada y no alzar la voz en casa jamás, creyó que eso de ser gay era una moda y que ya se le pasaría.

La primera vez que quedamos vino de punta en blanco. Quería causar buena impresión y se puso tacones (luego me confesó que le destrozaban los pies), y un collar de cuentas blancas a juego con el pasador del moño. Aparentaba cuarenta años en vez de los treinta que tenía, pero su cara aún dejaba entrever a una adolescente regordeta. Todo en ella era contención: al andar, al dar la mano como había visto hacer a otros occidentales (los chinos solo saludan o se inclinan ligeramente si hay que mostrar un respeto especial), al sentarse con cuidado para que no se le arrugara la falda y al contar su historia. Hasta que soltó el primer improperio pasaron muchas citas.

Xiao Qiong se define como una *tongqi*,[1] que en chino quiere decir "esposa de homosexual", pero nunca pronuncia esta palabra en público. No es un término ofensivo, pero le resulta humillante que la gente lo sepa porque nada en la vida le importaba tanto como casarse. Desde pequeña soñaba con el día de su boda y tenía planeada la ceremonia al detalle: sería junto al mar, no con el típico *qipao*[2] rojo de novia sino con un vestido de cola blanco, como las princesas y "las modelos de la *Vogue*". Se descalzaría y bailaría sobre la arena con su marido mientras al fondo se ponía el sol.

Ese era su plan. Desde pequeña lo había hecho todo para ser un día la chica descalza de la playa, con el velo al viento. Al final todo le salió al revés.

Es difícil determinar con exactitud cuántas *tongqi* hay en China. Se cree que unos dieciséis millones de mujeres están casadas con homosexuales, pero podrían ser más. Muchos homosexuales llevan una doble vida porque el coste de salir del armario es demasiado alto. La tolerancia que se practicaba en la antigüedad contrasta con el conservadurismo del último medio siglo.

En la historia y en la literatura chinas abundan las referencias a la amistad homoerótica. Durante las dinastías Song, Ming y Qing, como en la Grecia antigua, el amor entre hombres era común, pero siempre se revestía de metáforas y ambigüedad. Algunos poemas hablan también de relaciones íntimas entre mujeres a las que separaban luego para que se casaran. La primera ley homófoba entró en vigor en 1740, durante la dinastía Qing, pero los gays no fueron perseguidos sistemáticamente hasta 1949, con el nacimiento de la República Popular. Para el maoísmo, los gays eran contrarrevolucionarios, habían abrazado una perversión capitalista y, por tanto, había que eliminarlos. En el mejor de los casos los obligaban a casarse con una mujer y a tener hijos. En el peor, los castraban, los torturaban o los condenaban a trabajos forzados durante décadas.

Los parques, las saunas y los baños públicos se convirtieron en lugares de encuentros clandestinos entre hombres.

Ser gay siguió siendo delito hasta 1997 y solo al cabo de otros cuatro años dejó de considerarse una enfermedad mental. Hoy los homosexuales siguen sin poder donar sangre porque se les considera un grupo peligroso. Existen bares, asociaciones de apoyo y alguna revista gay, pero es un circuito muy limitado. Para la sociedad china, profundamente confuciana, casarse y procrear es fundamental. En el ámbito rural, los homosexuales que se niegan a contraer matrimonio para guardar las apariencias se exponen a un calvario. La sexóloga He Xiao Pei, del colectivo gay Pink Space, me contó consternada que no sabía cómo ayudar a un campesino de treinta y cinco años de Sichuán, a unas dos mil millas al suroeste de Pekín. El hombre vivía en una aldea remota y llevaba días llamándola: sus vecinos se habían enterado de que era homosexual y no había puesto un pie fuera de su casa en varios meses por miedo a que lo lincharan.

Salir del armario es muy complicado. Muy poca gente se aventura a contarle a su familia. Cuando se acerca el Año Nuevo, fecha en la que se reúnen las familias, la presión aumenta para los solteros en general, pero sobre todo para los homosexuales. Son conscientes de que en algún momento de la comida, un familiar preguntará por qué no tienen pareja y qué esperan para encontrarla. Desde hace unos años, muchos gays y lesbianas se ponen en contacto a través de foros especiales de Internet y pactan falsos noviazgos: van primero a la casa de uno y después a la del otro para apaciguar a las familias, y luego cada uno se vuelve a su hogar, y tan amigos. Al cabo de unas semanas anuncian que han roto o bien se casan y viven separados, pero mantienen las apariencias en las fiestas de guardar.

Xiao Qiong no tenía idea de todo esto en la escuela. Era un ratón de biblioteca, pudorosa, tímida, un poco asocial. Solo estudiaba y miraba de reojo a Xu Bing,[3] que tenía los ojos enormes y hablaba muy bajo, casi en murmullos. Le volvía loca. Cada día trataba de sentarse a su lado, de coincidir con él por los pasillos. Hablaban entre clase y clase y se llamaban en los cumpleaños y en el Festival de Mitad de Otoño. Después de graduarse fueron a comer un par de veces con el resto de la clase y él anunció públicamente que tenía novia. Ahí quedó todo. Xiao Qiong empezó a trabajar en una revista en el centro de Pekín y siguió soñando con conocer a alguien para casarse en la playa.

Un día, el teléfono sonó. Era Xu Bing. A ella se le aceleró el corazón, pero reconoce que le habría pasado con cualquier otra voz de hombre. En esa época no la llamaba nadie, salvo sus cuatro amigas y su madre.

Parecía contento. Le preguntó cómo estaba y si tenía tiempo para tomar un té ese viernes. Ella contestó que sí (no tenía ningún plan, aparte de hacerse la manicura y leer), pero le pareció extraño que él quisiera verla. Se citaron en un UBC, una franquicia de cafeterías hongkonesa donde un café cuesta más que una comida de tres platos en cualquier restaurante de barrio.

Se sentaron en una mesa del primer piso, donde suelen instalarse las parejas para tener más intimidad. Xu Bing pidió un helado de frijoles rojos, que se sirve en un plato sobre una montaña de hielo picado, para compartir. Estaban inquietos. Se preguntaron educadamente qué habían hecho en los últimos meses, por el trabajo y por la familia, y pronto se quedaron callados, sin saber de qué hablar. Hasta que Xiao Qiong se interesó tímidamente por la chica con la que él salía. ¿Seguían juntos?

Xu Bing la miró fijamente y le confesó que no tenía novia y nunca la había tenido. Muchas compañeras habían querido salir con él en el instituto, pero se había negado. En una palabra (y clavó aún más la mirada en las pupilas de Xiao Qiong), no le interesaban las mujeres.

"Hablaba muy despacio, como si estuviera midiendo mi reacción. Cuando me soltó eso se quedó callado. Entonces lo entendí. Siempre me había recordado a Li Yu Gang,[4] un hombre con gestos delicados y femeninos, pero al que al fin y al cabo le gustan las mujeres", dice Xiao Qiong. Estamos tomando té y le tiembla la mano al coger el vaso.

Aquella tarde, recuerda la joven, Xu Bing se desahogó durante horas. Le contó lo mucho que le había costado ocultar sus preferencias durante la secundaria. En el fondo, era tan tradicional como ella y vivía la homosexualidad como una carga. Tanto sufrimiento lo había llevado a elaborar una teoría telenovelesca: su sexualidad "confundida", como se la definió a Xiao Qiong, era la causa de que sus padres se hubieran separado cuando nació. Su madre se había ido sin dejarle ni una nota y su padre había rehecho su vida con una mujer fría como un témpano, así que no había tenido a nadie a quien contarle. Xiao Qiong escuchaba y asentía. Estar con él comiendo helado del mismo plato era un regalo, hablaran de lo que hablaran. No entendió del todo qué tenían que ver su madre y su madrastra con sus preferencias sexuales, pero se compadeció de él y lo consoló, asegurándole que no tenía ninguna culpa.

"Al despedirnos, me dio las gracias y dijo que al fin podría dormir tranquilo. Eso me alegró, pero al llegar a casa volví a sentirme vacía". Mientras habla, Xiao Qiong se retuerce los dedos y manosea las cuentas del collar. Se le han soltado varios mechones del moño. "Esa noche no pude dormir. No paraba de pensar en que, mientras yo pensaba en él, él pensaba en hombres. Y también que, si no fuera por eso, sería perfecto: su padre tenía un buen trabajo y si nos casábamos no nos faltaría nada. Pero él solo me había llamado para desahogarse".

Decidió informarse sobre qué era eso de la homosexualidad. Leyó compulsivamente: folletos, novelas, foros de Internet. Quería entender a Xu Bing. Una noche se aventuró a ir a un bar de lesbianas en Pekín para ver cómo era.

Descubrió que en China hay muchos más gays de lo que parece, pero que nueve de cada diez se casan con mujeres. Que en la Red los hombres utilizan el número 1 para definirse como activos y el 0, como pasivos. Que cada año en el barrio de Qianmen, en Pekín, varios colectivos escenifican bodas multitudinarias para pedir que se apruebe el matrimonio homosexual. Supo de lo complicado que resulta conservar un trabajo si en la empresa se enteran de que uno es homosexual.

Al mismo tiempo, no podía evitar las emociones propias de una primera cita. Se pasaba las noches mirando al techo. Pensaba en Xu Bing y en cómo se las arreglaría para ser feliz. ¿Era acaso feliz? ¿Iba a esos bares? ¿Lo sabrían en su casa?

Se vieron más veces y se contaron muchas cosas. Ella le habló de sus miedos: al fracaso, a la soledad, a no ser una buena hija, a perder su trabajo en la revista. Él escuchaba concentrado, frunciendo el ceño, "como cuando resolvía integrales en el instituto", recuerda Xiao Qiong. Le contaba que su padre y su madrastra lo presionaban también para que encontrara novia. Compartieron esa angustia existencial típica de los chinos que superan la barrera de los veinticinco años sin compromiso en el horizonte.

Xiao Qiong lo había visto venir. Una noche que fue a cenar a casa de sus padres, le confesaron que andaban buscándole novio. Llevaban varias semanas hablando con conocidas que tenían hijos entre veinticinco y treinta años. "No te enfades, hija. Todos tienen buenos trabajos", se justificó su madre, con tono de vendedora a domicilio y una sonrisa de oreja a oreja. Xiao Qiong suspiró y siguió recogiendo la mesa. Era consciente de que tarde o temprano se pondrían manos a la obra. Al menos no habían ido al parque Zhongshan con su foto y su currículum, como los padres de muchas amigas. Los fines de semana, Zhongshan, cerca de la Ciudad Prohibida de Pekín, se convierte en un mercado de abastos: pertrechados con toda la información de sus retoños, historial médico incluido, los padres se reúnen para concertar sus compromisos. La negociación es puro marketing: "Mi hija tiene un máster en finanzas, se graduó con mención de honor y estudia caligrafía y piano desde los cuatro años", puede decir una madre blandiendo la foto de su niña. "Pues mi hijo habla inglés y ruso y se ha leído todos los clásicos. Está sano y todos los veranos hace voluntariado en las juventudes comunistas del barrio". "Perfecto, pero ¿tiene piso propio?" En caso negativo, los padres de la chica despachan a los del muchacho con una rápida inclinación de cabeza y pasan a localizar otro candidato.

Durante esta subasta, los hijos no están presentes o se apartan a un lado muertos de vergüenza, pidiendo que la tierra se los trague. Xiao Qiong agradeció que en su caso la cosa al menos fuera discreta. Sus padres organizarían cenas con los hijos de los conocidos y a ella le tocaría pasar tres o cuatro veladas soporíferas con tipos aburridos, maniáticos, repelentes o feos como demonios. Hablarían del clima durante el aperitivo y luego pondrían las cartas sobre la mesa: él aclararía si tenía casa y coche propios[5] y permiso de residencia en Pekín, fundamental para trabajar, ir al médico y escolarizar a los hijos sin complicaciones. En el fondo se trataba de una cena de negocios. Los chinos son muy prácticos. Tenía amigas que ya habían pasado por eso, y cuando las viera tendría material para un par de anécdotas graciosas.

También se lo contó a Xu Bing, que empezaba a vivir algo parecido. Aunque todavía no tenía casa, su padre pensaba comprarle una para que aumentaran sus posibilidades en el mercado.

Se reían mucho juntos, y después se sentían culpables por trivializar los sentimientos de sus padres. En el fondo, ninguno quería fallarle a su familia, pero el circo de las citas les resultaba patético. Xu Bing empezó a plantearse que quizá lo mejor sería irse al extranjero y matar dos pájaros de un tiro: librarse de salir con mujeres y a la vez salir del armario. "Sabía que yo tenía parientes en el extranjero y bromeábamos con que lo mejor sería irnos muy lejos", recuerda Xiao Qiong. "Un día me preguntó si ellos le ayudarían a salir del país y yo le contesté, riéndome, que si se casaba conmigo seguro que sí".

No sabe muy bien cómo, pero el matrimonio se convirtió en un tema recurrente, casi un juego, en el que ambos se imaginaban complaciendo a sus familias y libres para vivir cada uno su vida.

Un día Xu Bing le preguntó si ella podría casarse con él y aceptar "su situación". Como a ella, le daba reparo llamar a las cosas por su nombre. Xiao Qiong dijo que sí. Y así empezó a formarse la bola de nieve.

Uno de los mayores problemas de Xiao Qiong, como ella misma reconoce, es haber devorado durante su adolescencia la obra de Qiong Yao, la Corín Tellado taiwanesa. Esas novelas en las que un hombre y una mujer de intelecto limitado sufren como locos por estar juntos (suele impedírselo alguien muy malo) le han costado caro.

Casarse con Xu Bing significaba para ella muchas cosas: sentirse útil al ayudar a un amigo con problemas, abandonar el nido familiar, dejar de verse como una perdedora social y tener con quien alquilar, por fin, una barca de remos en el parque. Pero, sobre todo, suponía una victoria histórica después de tanto tiempo, un final feliz en su novela rosa particular.

Las primeras discrepancias surgieron cuando empezaron a organizar la boda. Xiao Qiong no acababa de quitarse de la cabeza la playa, el velo, los invitados riendo y las luces indirectas. Xu Bing quería firmar un papel. Había conocido a un chico que le gustaba y quería brindar con él por su libertad.

"Mi suegro nos dijo que no hacía falta complicarse y que antes que pagar un banquete prefería darnos dinero para viajar. A Xu Bing también le parecía lo mejor, así que no me dieron mucha opción", se queja Xiao Qiong.

Un par de meses antes de la boda vino el álbum de fotos. En China es un momento para tirar la casa por la ventana y los novios suelen gastarse como mínimo el sueldo de un mes. Los más pudientes viajan a sitios exóticos como la isla de Hainan o incluso a Bali para retratarse. El resto elige varios atuendos y se fotografía para la posteridad en un estudio o en un parque. Son un clásico los trajes de revolucionarios con los que todas las parejas tenían que posar durante el maoísmo, Libro Rojo[6] en mano. También los trajes imperiales y los de boda occidental.

Xiao Qiong no aspiraba a salir de Pekín para hacerse las fotos. Se habría contentado con ir al Jardín Botánico con los almendros en flor o al lago Beihai, tapizado de lotos. Xu Bing no tenía ganas de mucha parafernalia y al final se decantaron por hacerlas en un estudio.

"Nunca olvidaré ese día", recuerda Xiao Qiong. "Por lo general es la novia la que escoge el tipo de álbum y los trajes. Los novios se dejan llevar, están cansados, protestan… Así habían sido los maridos de mis amigas. Pero Xu Bing se fue metiendo enseguida en el papel. Parecía un modelo. El fotógrafo le dijo que nunca había visto un novio tan guapo y parecía que había química entre ellos. Yo estaba ahí como una espectadora y él no paraba de revolver entre la ropa y los complementos. Mientras me cambiaba de traje y me maquillaban, él seguía posando".

Fue humillante ver las fotos al cabo de unos días y constatar que había muchas más del novio que suyas. Se había cambiado cinco veces de traje; él, seis. "Estaba guapísimo, parecía una estrella de cine, todas las chicas del estudio se lo decían, y el fotógrafo también", reconoce mordiéndose el labio inferior. Lo dice con amargura, aunque con cierta fascinación. En ningún momento se planteó renunciar a sus planes de boda.

Fue una mañana de invierno. Después de firmar el certificado de matrimonio, comieron en un hotel, sin más pompa que la de cualquier cumpleaños. Los padres de ella y los padres de él, ni un invitado más. El novio llevó a cabo el ritual de servir el té a sus suegros. Mientras llenaba los vasos, exclamó: "Padre, puede quedarse tranquilo. Voy a cuidar de Xiao Qiong". A la novia se le revolvió el estómago pero no dijo nada.

Después de la comida, acompañaron a los mayores a sus coches. Cuando los vieron alejarse, Xiao Qiong y Xu Bing también se dijeron adiós. Ella se fue a su piso y pasó su noche de bodas viendo la televisión y comiendo cacahuetes. Él se marchó al apartamento de su novio, donde se instaló desde el primer día.

A Xiao Qiong le gusta que nos veamos para pasear. Cuando empieza a andar no para: pueden pasar horas antes de que decida sentarse. Dice que así se relaja y que le sienta bien para dormir. Lleva meses tomando infusiones de hierbas y raíces que su médico le prepara para conciliar el sueño. Pero cada noche se le repite la misma escena: es otra vez estudiante, llega a clase corriendo porque se le pegaron las sábanas y el profesor reparte un examen. Ella no lo sabía y no estudió. Se despierta bañada en sudor, llamando a Xu Bing, pero está sola en la cama.

"Creo que estoy angustiada desde la boda", dice. "No tuve ni anillo, ni luna de miel, ni fiesta en condiciones y me siento frustrada. Cuando vi que ni siquiera pasaba la noche de bodas conmigo, me di cuenta de que no había ganado nada casándome, pero era como una espiral de la que no sabía cómo salir". Aprieta el paso.

Recorremos Xinjiekou, la calle de los instrumentos musicales. En la puerta de una tienda, un anciano afina una trompeta. Está tan raquítico que parece que con cada soplido va a deshacerse. La caja torácica se le hincha y deshincha como un fuelle. El sol aprieta y Xiao Qiong abre su sombrilla blanca con ribetes de ganchillo beige. Como la mayoría de las chinas, odia ponerse morena.

"El peor momento fue un mes después de casarnos porque el padre de Xu Bing enfermó y nos mudamos a su casa para cuidarlo", me cuenta. La familia no sabía que cada uno vivía en una punta de la ciudad y que era la primera vez que compartían cama. "Fue muy duro porque teníamos que fingir todo el tiempo. Para que sus padres no sospecharan, él llamaba a su novio cuando estábamos en la habitación con la puerta cerrada. Yo escuchaba todas las conversaciones. Encima al novio le daban ataques de celos porque yo estaba ahí: era el colmo".

Procuraron seguir la rutina de las parejas chinas. Ella volvía del trabajo temprano y cocinaba para Xu Bing y sus suegros. Luego veían todos juntos las noticias en la CCTV 1 y si hacía bueno salían a dar una vuelta a la manzana para bajar la cena. "A veces estábamos a gusto, porque en el fondo nos llevamos bien", explica Xiao Qiong. "El problema era cuando sonaba su teléfono. Xu Bing se ponía nervioso y se iba a la habitación o lo apagaba de repente. Sus padres no entendían qué pasaba y me miraban pero yo no sabía qué decir. Era demasiada presión".

Una noche estalló la chispa.

"Su novio le había montado una escena y habían discutido. Lo pagó conmigo y me contestó mal. Yo ya no podía más y le dije: Oye, hermano,[7] ¿puedes echarme una mano? Estás tan encantado con tu vida que me has dejado todo el problema a mí. Pero él solo pensaba en sí mismo. Me respondió: ¿Acaso no estás contenta? ¿Alguien te pega o insulta?"

Llegados a ese punto estaban gritando. Desde el salón, los padres les pidieron que se calmaran, pero la bola de nieve ya rodaba cuesta abajo. "Llamaron a la puerta y nos rogaron que los dejáramos entrar. Su padre nos preguntó cuál era nuestro problema y yo le dije que le preguntara a su hijo y me fui. Salí a caminar, no sé bien adónde. Cuando volví, una hora más tarde, Xu Bing ya les había contado".

No hubo dramas. Los padres reconocieron que sospechaban algo. "Pensaban que ser homosexual era como ser fumador o beber demasiado licor de arroz, que se podía dejar con voluntad. No paraban de repetir que era culpa del novio de Xu Bing, que lo había llevado por el mal camino".

El filósofo Mencio[8] decía que una familia sin descendencia vive mutilada, incompleta. A los padres de Xu Bing les mortificaba que alguien pudiera enterarse de lo que pasaba, y más aún verse sin nietos. Cuando la pareja regresó a su propio apartamento, respiraron aliviados. El drama seguía ahí, pero ya no tenían que enfrentarse a él. Todo volvía a ser armonioso a ojos de los vecinos.

Xiao Qiong también prefería estar en su casa. Al menos no tenía que disimular. Xu Bing solo tenía un cepillo de dientes en el baño, seguía viviendo con su novio y los fines de semana la recogía para hacer la ronda de visitas: el almuerzo con los padres de uno, la cena con los del otro. Pasaban un par de horas en cada casa, hablaban de trivialidades, evitaban temas delicados y se despedían hasta el sábado siguiente.

Estamos sentadas en un parque, tomando té frío con bolas de tapioca. El bochorno del verano pequinés la atonta, me dice pasándose un pañuelo de papel por las aletas de la nariz, que se le han llenado de gotas minúsculas de sudor. Luce un vestido verde de algodón que deja a la vista la pelusa oscura de sus axilas. Como muchas chinas, lleva medias tobilleras con las sandalias para que no le suden los pies.

Le pregunto si no ha pensado en buscarse un amante.

"No, nunca. Yo estoy casada ", responde un poco ofendida. Sorbe fuerte mirando a la pajita y se queda pensativa.

Lo que sí hizo desde el principio fue buscarse amigas como ella. Fue tan sencillo como introducir el término *tongqi* en Internet: aparecieron cientos de mensajes y foros de mujeres casadas con homosexuales. Algunas son vírgenes, y otras se acuestan con sus maridos y tienen hijos. "Llegan a una especie de acuerdo. Ellos son buenos padres, solo que mantienen relaciones paralelas con hombres", me dice Xiao Qiong muy seria.

Con algunas *tongqi* ha alcanzado una intimidad muy grande, aunque siempre por Internet. A la mayoría les da vergüenza encontrarse en persona. Todas tienen más o menos la misma edad, entre veinticinco y treinta y cinco, viven en ciudades de distintas provincias y, como mínimo, tienen computador o dinero para ir a un cibercafé. Xiao Qiong supone que en el campo debe haber miles de *tongqi* que no saben que lo son y tienen un perfil parecido. "Somos tímidas, algo introvertidas y muy tradicionales", explica.

Sus amigas de la web la llaman *jiejie*, hermana mayor, porque se ha convertido en una especie de consejera de las recién llegadas. Muchas acuden a los foros de *tongqi* antes de casarse porque tienen dudas sobre sus maridos. Este mensaje, por ejemplo, aparecía en el portal Tongqijiayuan, uno de los más conocidos:

"Mi marido siempre está descargando películas gay y algunas son porno. Dice que le producen curiosidad. Una vez nos peleamos y lo obligué a borrarlas, pero sé que sigue viéndolas cuando no estoy. Él insiste en que nuestro hijo y yo somos lo único que le importa. ¿Qué debo hacer? Postdata: Nuestra vida sexual es normal".

En estos casos, Xiao Qiong aconseja a las mujeres que se alejen de la relación: justo lo contrario de lo que ella hizo. "Me siento culpable con esas mujeres porque no sabían que su pareja era homosexual antes de la boda. Yo sí. Y aun así decidí casarme, porque

Sigue queriendo a Xu Bing, pero su idea del amor ya tiene poco que ver con una telenovela. Se ha vuelto práctica. La angustia tener que cuidar sola a sus padres cuando envejezcan y también cumplir los treinta sin haber dado a luz. Pero prefiere arriesgarse a seguir aparentando. "Lo leí el otro día. Una pareja pasa junta un promedio de cincuenta años. Eso son 18.250 días", me dice. "No voy a pasar todo ese tiempo así. Les escribí a las chicas del foro y les dije que se acabó, que muy pronto seré una *ex-tongqi*".

4

✦✦✦✦

Silencio, habla el maestro

Sus discípulos me explicaron dónde encontrar al maestro Du, una eminencia del kung-fu.[1] No le importaría dedicarme tiempo, dijeron, pero en ningún caso debía dirigirle la palabra mientras entrenaba. "Ni siquiera lo saludes, porque perderá concentración", me advirtió Xiao Ma, su aprendiz desde hace tres años.

Fui a verlo a las siete de la mañana. El sol ya estaba alto porque en verano amanece a las cuatro. Por motivos políticos, China se rige por un huso horario único, aunque debería tener tres. La noche anterior, una tormenta había dejado el aire húmedo y fresco. El viento traía el sonido de una marcha militar: los alumnos de una escuela cercana hacían su gimnasia matutina en el patio, al ritmo de tambores y trompetas.

El maestro Du se reúne con sus discípulos junto al Gimnasio de los Trabajadores, toda una institución del deporte en Pekín. Fue construido en 1961 como estadio cubierto para acoger los mundiales de ping-pong, en lo que entonces eran las afueras de la ciudad.

Salvo los altos funcionarios, entonces todo el mundo iba en bicicleta a los partidos. Hoy el barrio se considera parte del centro, el Gimnasio acoge sobre todo conciertos de pop y, los fines de semana, no hay quien pueda estacionar alrededor. Fue aquí donde, en diciembre de 2011, miles de espectadores corearon el *Mamma mía!* inspirado en la canción de ABBA.

En los alrededores del recinto ya se había formado el primer embotellamiento. Cientos de automóviles y bicicletas, la mayoría eléctricas, se entrecruzaban en el asfalto sin carriles. Los campesinos traían sus carretas llenas de puerros y zanahorias para vender en el mercado. Uno había montado un puesto de sandías en la entrada del Gimnasio. Esta fruta es uno de los símbolos del verano pequinés. Uno sabe que ha llegado el buen tiempo cuando empieza a ver sandías por todas partes.

La arena alrededor del estadio todavía estaba mojada. A lo lejos, en una explanada de hierba a la sombra, un hombre golpeaba el tronco de un álamo con los brazos extendidos, como si lo estuviera talando. La mirada al frente, la espalda recta, las piernas ligeramente flexionadas. Pum, pum, pum. Impactos secos, de una fuerza inusitada, que a alguien sin preparación le destrozarían el antebrazo. Aparentaba cincuenta años, pero tenía más de setenta. Era el maestro Du.

Sus discípulos le observaban en silencio. Cuando el maestro hacía una pausa, se acercaban solícitos por si necesitaba algo. Le espantaban los mosquitos, le ofrecían té y tabaco. Vestido con un traje de seda blanco y zapatillas de tela impecables del mismo color, el anciano declinaba los ofrecimientos y proseguía con su entrenamiento. Giraba alrededor del árbol como si fuera su contrario, fintando, doblándose hacia los lados para evitar patadas imaginarias.

Al cabo de una hora había terminado. Respiró hondo, hinchando la barriga, con los ojos cerrados. Su aprendiz más joven, Xiao

Ma, de veinticinco años, lo cogió del brazo para ayudarle a sentarse en un taburete plegable. Colocó a su lado un termo de té, encendió un cigarrillo y se lo tendió. El maestro dio las primeras caladas en silencio y después detalló lo que acaba de hacer.

Empezó en el mundo del kung-fu muy tarde, a los treinta años, a pesar de que había visto a gente practicar desde niño. Su ciudad natal, Wen An, en la provincia de Hebei, es la cuna del *baguazhang* (八卦掌) una de las llamadas artes marciales internas.[2] Se creó en el siglo XIX, durante la dinastía Qing,[3] y exige especial concentración. Du Shufeng, como se le conocía hasta que se hizo maestro, creció en un ambiente ajeno a las artes marciales. Ni él ni sus cinco hermanos pudieron ir a la escuela porque tenían que trabajar. Le tocó repartir agua e iba casa por casa con los bidones atados a la bicicleta. Por la noche acababa extenuado y no tenía ganas de hacer deporte.

Su vida dio un vuelco un verano de lluvias torrenciales. Al principio, los habitantes de Wen An pensaron que era una tormenta común que les obligaría a atrincherarse en casa unas horas. Pero llovió y llovió, un día tras otro. Los huertos se encharcaron, los animales se fueron muriendo y los vecinos no sabían qué hacer ante ese aluvión de agua interminable. Los padres de Du cerraron la casa y se mudaron a Pekín, dispuestos a trabajar en lo que fuera.

Fue así como el joven Du Shufeng llegó a la capital. No le costó encontrar trabajo como peón de caminos mientras le llamaban del servicio militar. Cuando terminó el servicio, y con sus credenciales del Ejército de Liberación Popular, consiguió empleo en la acería Shougang. Fundada en 1919, la siderúrgica fue uno de los símbolos del desarrollo industrial chino durante el maoísmo y llegó a emplear a doscientas mil personas.

Era un trabajo terriblemente monótono. Para matar el aburrimiento, los obreros hacían flexiones entre las máquinas en sus ratos libres. "Yo solo quería mantenerme en forma, pero mis compañeros insistieron en que era muy rápido y flexible y que tenía que probar las artes marciales", explica el anciano. Uno se ofreció a presentarle a su maestro de kung-fu. Al día siguiente, antes de entrar a la fábrica, fueron juntos al parque de Tuanjiehu. Du quedó prendado de los movimientos de aquel hombre ágil como un felino. Con humildad, le preguntó si le acogería como su discípulo. "Le dije: ya soy mayor para empezar pero entrenaré duro, más que nadie", recuerda.

En la cultura china, el rol del maestro se parece más al del padre que al del profesor. No solo forma a su discípulo, sino que lo protege y lo considera parte de su familia. El discípulo le profesa el máximo respeto. Discípulo y maestro tienen que esforzarse al máximo y contraen esta obligación para siempre. Es un comportamiento puramente confuciano. Para Confucio, la relación jerárquica entre maestro y discípulo es uno de los cinco pilares de una sociedad armoniosa, junto con las de gobernante y gobernado, padre e hijo, hermano mayor y hermano menor, y esposo y esposa. Estas cinco jerarquías son claves para entender la sociedad china.

El maestro Du aprendió del maestro Yong, de ochenta y cinco años, y del maestro Jia, de noventa, y será discípulo de ambos hasta la muerte. Los aprecia más que a su difunto padre y nunca deja pasar el Año Nuevo sin llevarles una buena botella y un sobre rojo con el aguinaldo. "No son amigos. No tratamos temas personales. Sé que están casados y que tienen hijos, pero no conozco más detalles de sus vidas. No se me ocurriría bromear con ellos sobre mujeres. Únicamente hablamos de artes marciales, pero son parte de mi familia".

Se inició con el maestro Yong, experto en *mianzhang*, un arte marcial externa[4] que emplea golpes enérgicos, cortos, que requieren una fuerza y una flexibilidad excepcionales. Durante diez años practicaron casi a diario, hasta que conoció al señor Jia. "Se acercó a mí en el parque y empezó a hacer ejercicios a mi lado. Combatimos y por supuesto me ganó. Era mucho mejor que yo. Su especialidad era el *neijiaquan*",[5] recuerda Du. "Desde que conocí a mis maestros no he dejado el kung-fu. Es un estilo de vida, una forma de prolongar la salud". Se levanta la camiseta, endurece el abdomen y se da un puñetazo. "Mírame: no parece que tenga la edad que tengo porque estoy sano. No se trata solo de habilidad, sino de fuerza interna. Por mucho kung-fu que sepas, si tienes mala salud no te servirá de nada. A los jóvenes les sirve para aumentar su resistencia, les permite trabajar mucho más. A los mayores como yo nos permite evitar ciertas enfermedades y mantenernos en forma".

Cansado del taburete, se sienta en el suelo y dobla las piernas en la posición del loto. Apenas tiene arrugas, salvo un par de surcos en la frente y alrededor de las orejas, grandes y de lóbulos carnosos. Ni tan siquiera en esa postura deja de fumar. Xiao Ma, su discípulo, le va encendiendo los cigarrillos.

"Al maestro le gusta mucho el tabaco", musita el joven mientras Du se distrae explicándole algo a otro discípulo. "No le podemos decir que lo deje. Nunca está de mal humor, pero cuando le faltan los cigarrillos se pone furioso".

Las artes marciales chinas buscan la armonía entre el cuerpo y el espíritu, entre el interior (la circulación de energía) y el exterior (los movimientos corporales). Hay decenas de escuelas y variantes, pero todas combinan el entrenamiento físico y mental. Por ejemplo, el taichi, como se conoce en Occidente al *taijiquan* (太极 拳), se basa en movimientos circulares respecto a un eje. Los expertos dicen que hay que fluir como una corriente de agua: uno se puede mover más rápido o más despacio, pero sin interrumpir la continuidad. Es preciso estar totalmente concentrado para liberar la energía y conseguir el equilibrio.

La especialidad del maestro Du es el *xinyi* (形意), y me cuenta que es el arte marcial que inventaron los Hui, una etnia musulmana de China, en el siglo XII.[6] Para proteger los intereses de la comunidad, durante ochocientos años tuvieron terminantemente prohibido revelar su técnica a otras etnias. A partir de los años cuarenta, el secretismo se relajó y fueron surgiendo maestros y variantes del *xinyi* en muchas regiones. Para los no iniciados, lo más impresionante de la técnica es que incorpora a la lucha los movimientos de diez animales: el gallo, el dragón, el tigre, la serpiente, el caballo, el mono, el oso, la golondrina, el halcón y la agachadiza, un ave migratoria de pico largo y enorme resistencia. El maestro Du es capaz de imitarlos uno tras otro, como si fuera mutando. Es un espectáculo.

"Si queremos aprender del caballo, debemos preguntarnos qué habilidades tiene. Es verdad que es muy veloz, pero lo que nos importa no es lo mucho que corre, sino cómo pega con la pezuña antes de morder", explica Du, y recorre con la mirada a sus espectadores. Se remanga el pantalón y levanta la pierna derecha por encima de la cabeza de un discípulo, que lo observa sin inmutarse. "Lo único que no debemos hacer es usar el kung-fu para hacer daño. Si somos un tigre o un león, también tenemos que saber ser un cordero. Y controlarnos, porque en las artes marciales internas un golpe puede ser mucho más potente. La fuerza que sale de dentro es más poderosa".

Varios ancianos que juegan a las damas en la acera interrumpen la partida y se acercan a curiosear. En pocos segundos, el maestro cambia de forma corporal: empieza a zigzaguear, dando saltitos y estirando los músculos del cuello, con la barbilla contra el pecho. "Pensemos en la serpiente, ¿qué hace la serpiente antes de atacar? Observa, se acerca, y cuando ve que puede vencer, se lanza y ya no suelta la presa... ¡Zas!". Los discípulos van abriendo el círculo y desplazándose para seguir los movimientos del maestro, que se voltea y da quiebros en el aire con la agilidad de un adolescente. Cuando cambia de animal, modifica sus gestos y también su respiración. A cada poco hace una gárgara profunda y sonora. El suelo va quedando sembrado de escupitajos a su alrededor.

"El *xinyi* no es mejor que otras artes marciales. Todo depende de la práctica, del esfuerzo. Nosotros empleamos varios tipos de golpes", explica el anciano. Le hace una seña a Lao Fu, un discípulo de más de cincuenta años, que avanza hasta situarse en el centro de las miradas y se quita la camisa. "Este es el estilo hacha, cortante", dice Lao Fu, y asesta un golpe al aire con el canto de la mano abierta. "También está el estilo punzante, en el que el brazo se usa como una espada". Después, extiende el brazo y golpea el aire trazando un círculo, como si la mano fuera una bola medieval atada a una cadena: "Este es el golpe pasante, en el que golpeo sin detenerme en el cuerpo del contrario". Du lo mira complacido. Lao Fu es uno de sus mejores discípulos y lleva entrenando solo quince años. Cuando quiso empezar en el kung-fu, le costó encontrar maestro porque no tenía la mejor forma física. El viejo Du lo aceptó porque se sintió identificado con su vocación tardía.

"Para nosotros, cada uno de estos golpes equivalen a uno de los cinco elementos: tierra, agua, madera, metal y fuego. Y a la vez se corresponden con diferentes órganos del cuerpo: corazón, hígado, pulmón, riñón y bazo. Por eso, cuando ejercitamos estos cinco movimientos, estamos hablando con nuestro cuerpo", explica el maestro. Lleva dos horas ejercitándose y no se le ha movido ni un pelo. Lo lleva aplastado con gel y se peina con raya a un lado. No se lo tiñe, a diferencia de muchos hombres chinos, pero tiene un aire de galán.

Le pregunto en qué piensa mientras entrena. "Solamente en mis movimientos", responde. "La mente controla los movimientos y la respiración. Es un círculo. Si no te concentras, el *qi* no fluirá por tus meridianos".

Para la medicina china, el *qi* es la energía que fluye y los meridianos son como las autopistas por las que pasa esa energía. El cuerpo es una red de canales o meridianos que desembocan en los órganos. Cuando una persona está sana, es porque la energía fluye; si se bloquea, aparecen las enfermedades. Simplificando mucho, si a uno le duele un hombro, para la medicina china es porque se ha producido un bloqueo de la energía, como si una tubería se hubiera obstruido, y hay que desatascarla para que el *qi* siga fluyendo y se mantenga el equilibrio.

El maestro Du es especialmente sensible al tema de la enfermedad. Cuando tenía cincuenta y dos años, su primera mujer falleció de un derrame cerebral. Fue repentino y fulminante. Él se quedó con tres hijos y un enorme vacío. No le gusta hablar del tema, solo dice que las artes marciales le sirvieron para no hundirse. En aquella época empezaba a entrenar a sus primeros discípulos, que se ocuparon de mantenerlo entretenido.

"Gracias al kung-fu, me conservo mejor que la gente de mi edad. Aunque, cuando uno se hace viejo, no queda más remedio que rendirse al paso del tiempo", dice, y escupe por enésima vez.

Los aprendices reaccionan enseguida. "Pero qué dice, maestro. Ninguno de nosotros puede ganarle un combate. Usted nos ha enseñado a movernos. De lo contrario, no sabríamos ni darle una patada a una piedra", asegura Xiao Ma muy serio.

Para los chinos la humildad es una cualidad fundamental. Creen que si uno está satisfecho consigo deja de estar predispuesto a aprender y a mejorar. Para demostrar su humildad, suelen quitarse importancia y denigrarse en público. A veces son tan exagerados que un occidental que no conozca el código podría pensar que son falsos o que tienen un problema de autoestima, pero es todo un mero ritual de cortesía. El maestro Du nunca va a hablar de lo bueno que es, al contrario, y por eso sus discípulos deben contradecirlo para hacerlo quedar bien y darle lo que se conoce como *gei mianzi* (给面子), el refuerzo positivo.

Xiao Ma admira a su maestro por encima de todas las cosas. Ha tenido una vida dura: llegó de una aldea del centro de China hace dos años, trabaja como una mula y todo el dinero que gana lo manda a casa. Al comienzo, en sus ratos libres solo podía deambular por la calle. Un día, paseando, vio entrenar al maestro. "No es fácil encontrar a alguien con una técnica tan buena de *xinyi*", explica Xiao Ma. "La gente lo practica de manera muy diferente según la provincia. No tiene nada que ver el estilo de Henan con el de Anhui o el de Shanghái. Yo desde pequeño quería aprender, pero las escuelas eran muy caras y no conocía a ningún maestro. Para mí es un honor que me haya aceptado como discípulo".

Con Du no tuvo que hablar de dinero. Si lo hubiera hecho, el anciano se habría ofendido: es de la vieja escuela y cree que el dinero corrompe el aprendizaje. "Si alguien quiere ser mi discípulo, le pido que tenga voluntad firme y piense que tendrá que practicar horas. Ni el kung-fu se aprende enseguida ni yo puedo enseñarle a los que no tienen tiempo", rezonga Du. Según cuentan sus aprendices, no le gustan los indecisos. Se entrega a su tarea, pero exige la misma devoción.

Xiao Ma le prometió que dedicaría todo su tiempo libre a entrenar y mejorar. "Me observó durante semanas antes de aceptarme", explica el joven. El anciano quería saber qué tipo de persona era: en las artes marciales, la calidad moral es tan importante como la aptitud física. La misión de un buen maestro no es solo enseñar la técnica, sino también una forma de vivir. Si un discípulo resulta impetuoso, irascible o imprudente, le costará cumplir el *wu de*, el código moral de las artes marciales.[7] Los chinos tienen un proverbio que dice: "Un discípulo buscará durante tres años un buen maestro y un maestro examinará al discípulo durante tres años".

La ceremonia de iniciación de Xiao Ma fue sencilla pero, para él, muy emocionante: se acercó al anciano en un parque al amanecer, le hizo tres profundas reverencias y pronunció la palabra "shi-fu", maestro. Esa noche, el nuevo discípulo brincaba de alegría. Mandó mensajes a todos sus amigos del pueblo para contárselo.

El maestro Du tiene una decena de discípulos que se desviven por él. Si van juntos a un restaurante, no lo dejan pagar. En las fiestas y las ocasiones especiales, le regalan fruta, licor de arroz y un sobre rojo con dinero, como hace el propio Du con sus viejos maestros. Le compran ropa si notan que le hace falta. Y si no pueden permitírselo, le agradecen de otra forma. Xiao Ma no puede prodigar atenciones costosas, pero vive pendiente de arreglarle la bicicleta cuando se le pincha. De vez en cuando, se pasa por la casa del maestro por si necesita que le cambie una bombilla o le desatasque una tubería. Además, se ha convertido en su secretario porque el anciano no tiene teléfono: cuando alguien quiere hablar con Du, marca el número del joven, que le da el recado.

En la primavera de 2011, los discípulos organizaron una sorpresa para el anciano. La Asociación de Artes Marciales de Heilongjiang, una provincia del noreste limítrofe con Rusia, quería que el maestro Du asistiera a unas jornadas especiales para brindarle un pequeño homenaje. La Asociación costearía el tren y la estancia para él y para un acompañante. Xiao Ma no podía ausentarse del trabajo porque le descontarían parte del sueldo. Lao Fu, prejubilado, se ofreció como voluntario.

Los vi a la vuelta del viaje. El maestro Du estaba pletórico, pero agotado. "Lleva tres días sin entrenar, durmiendo bastante", me explicó Xiao Ma por teléfono antes de encontrarnos. "No le hagas muchas preguntas porque se agobia".

No hizo falta. El anciano se puso a parlotear enseguida sobre lo bien que lo había pasado. "Había cientos de personas, los mejores maestros y discípulos de China. Hablamos sobre el espíritu del kung-fu, combatimos, hubo presentaciones. Todos querían invitarme a restaurantes caros, pero yo no quise. No me gusta gastarme el dinero de nadie", sentenció.

Lao Fu añadió prudente: "El maestro es muy modesto y por eso no cuenta que todos los asistentes al encuentro querían verlo combatir. Quedaron maravillados al ver lo rápido y ágil que es a pesar de su edad. Fueron luchas amistosas, nadie se hizo daño. Lo pasamos bien, pero se cansó mucho, así que volvimos dos días antes de lo previsto, ¿verdad, maestro?"

El anciano refunfuñó: "Yo no soy listo ni tengo cultura. Apenas sé leer y escribir. Si me ponen delante un texto, seguro que no entiendo muchos caracteres". Pidió otro cigarrillo y a la segunda calada se atragantó. Xiao Ma lo miró toser con preocupación. "Fuimos anoche al médico[8] y le dijo que está un poco descompensado por el esfuerzo del viaje. Le ha subido la tensión. No debería haber salido, pero como teníamos una cita contigo no quería faltar".

"Había jóvenes muy aplicados", siguió contándome el maestro, como si no hubiera oído. "Practican duro. A los de las ciudades grandes como Pekín les interesa más divertirse. De tres horas de entrenamiento, pasan dos y media charlando", se lamentó. "En el norte las condiciones son mejores porque hay más dinero… ¡Qué cantidad de espacio tienen para entrenar! Combaten en un bosque enorme, entre los árboles, sintiendo el viento fresco y tocando la tierra. Es muy cómodo. Y han construido un patio cubierto, de unos dos mil pies cuadrados, para seguir entrenando cuando llueve. En Pekín estamos sometidos a otro ritmo. Ya no escuchamos el silencio".

Cuando el maestro empezó a entrenar junto al Gimnasio de los Trabajadores, en los alrededores no había ningún edificio alto, solo campos. Ahora, él y sus discípulos practican en un terreno encajonado entre una bolera, varios clubes nocturnos y restaurantes abiertos las 24 horas. Los amantes de las artes marciales se quejan de la falta de espacios verdes. En teoría, deben entrenar en contacto con la tierra, pero, en los últimos años, muchos terrenos se han asfaltado a causa de la explosión inmobiliaria. Quedan algunos parques, pero la fisonomía de Pekín ha cambiado por completo. En seis meses una calle puede volverse irreconocible. Algunos lo llaman el Chicago del siglo XXI.

Reconoce el maestro que, aunque la ciudad le gusta menos que antaño, se ha reducido la contaminación. Cuando él llegó, las fábricas funcionaban a plena potencia, engullendo carbón y expulsando un humo negro que se le pegaba a la garganta. En el barrio de Shijingshan, donde estaba la siderúrgica Shougang, las mujeres evitaban tender la ropa afuera porque se volvía negra. "Yo regresaba de trabajar todos los días pedaleando por la Avenida Chang An con la cara tiznada y tosiendo como un perro".

China es el mayor consumidor de energía del mundo y su demanda crece a un ritmo insostenible. Sus reservas de petróleo y gas son limitadas y depende en un 70% del carbón, el combustible fósil que más contamina. El Gobierno está bajo presión internacional para reducir las emisiones nocivas, que además le salen carísimas: se calcula que en 2005 gastó (o dejó de ganar) 112.000 millones de dólares, entre costes sanitarios e impacto en la productividad.[9]

El objetivo oficial es reducir las emisiones en un 30% para 2020, a través de la reforestación, la retirada de vehículos viejos y el desmantelamiento de fábricas ineficientes en el centro de las ciudades.[10] La última que cerró en Pekín fue la siderúrgica Shougang, en la que trabajó el maestro Du. En diciembre de 2010, la trasladaron a una isla artificial en la bahía de Bohai, a unas ciento veinticinco millas al este de la capital, para aprovechar además la cercanía al mar y ahorrar en costes de transporte.

El cierre de las fábricas se nota en el centro de la ciudad. Desde hace unos años, el cielo se ve azul muchos más días. Sin embargo, eso no significa que los niveles de contaminación estén a raya. En los últimos meses Pekín ha empezado a medir las partículas contaminantes más pequeñas, que hasta comienzos de 2012, solo registraba un medidor en el tejado de la embajada estadounidense. El malestar creciente de la población a raíz de la polución empujó al Gobierno a realizar análisis de la calidad del aire más exhaustivos.[11]

El maestro Du, siempre irónico, resume el tema: "El Gobierno está invirtiendo en limpiar el medioambiente, pero cuando lo consiga no quedará hierba que proteger".

Durante una semana, el maestro no salió de casa porque le había subido la tensión después del encuentro de artes marciales en Heilongjiang. Xiao Ma le llevaba el desayuno a su casa cada mañana: gachas saladas (el famoso *zhou*, uno de los desayunos preferidos de la gente del norte) y leche de soja. Cuando lo llamé para preguntar por el anciano, me propuso que fuéramos a visitarlo después del almuerzo. "A su esposa le gustaría invitarte a un té. Nunca ha hablado con un extranjero y tiene curiosidad".

El anciano vivía en un *xiaoqu*, un conjunto de edificios residenciales de un máximo de cuatro pisos, separado por una verja del resto de la calle. Se mudó aquí en 1970, con su primera mujer. Fueron unos privilegiados por conseguir que el Estado les diera acceso a una vivienda tan grande. Por las mañanas tardaban más de una hora pedaleando hasta la fábrica y el colegio de sus tres hijos, pero lo preferían a las casas minúsculas del centro.

Tras la muerte de su esposa, el maestro Du se centró aún más en el kung-fu. Su hijo mayor ya iba a la Universidad y las menores estaban en la secundaria, así que se dedicó a entrenar sin parar. Sus amigos, preocupados, le insistieron en que saliera con mujeres que rehiciera su vida. Le concertaron una cita con Feng Xiulan, una compañera de la fábrica seis años menor que había perdido a su marido y era madre de dos adolescentes. Se casaron a los pocos meses.

Mientras atravesábamos el patio empedrado de la urbanización,

Xiao Ma me explicó que en los años cincuenta ese tipo de residencias con jardines compartidos eran viviendas de lujo. Para los vecinos, las zonas comunes son tan importantes como los propios apartamentos: cada vez que pueden, bajan a tomar el aire, juegan al dominó, se cuentan chismes, tienden la ropa entre los árboles, comen semillas de girasol. Los niños juegan afuera hasta que los reclaman para lavarse o cenar.

En un banco, tres abuelos tomaban el sol con sus pájaros. En Pekín, la gente los saca a pasear, con las jaulas bien tapadas para que no se mareen por el camino. Cuando posan la jaula, le quitan el trapo. Aquellos pájaros estaban tan contentos al sol que cantaban sin parar.

Subimos tres tramos de escaleras empinadas, palpando la pared porque las bombillas estaban fundidas. En el rellano del apartamento había una colchoneta roja con osos de colores estampados y dos bolsas de basura. Nos abrió la señora Feng, que era aproximadamente el doble de grande que el maestro.

"¡Qué ojos tan grandes!", exclamó antes de invitarme a pasar. Xiao Ma soltó una risotada.

El suelo era de cemento. Un pasillo por el que no cabían hombro con hombro dos personas daba al salón, la cocina y el dormitorio. No había baño privado; son relativamente modernos en China. La pareja usaba a los retretes comunes a la vuelta de la esquina y se lavaba en la cocina con un cubo.

En el salón, sobre una cama alta, estaba sentado el maestro Du. Sonrió al vernos llegar. "Siéntense, siéntense. Huele mal porque hay humedades", se disculpó enseguida. Xiao Ma se acercó a la pared y la olisqueó. "Sí, están húmedas. Mañana voy al mercado y busco algún producto, maestro, no se preocupe".

En las ventanas, la mosquitera de alambre tenía algunos agujeros y se había retorcido como un pergamino medieval. El anciano se puso de pie y se peinó con los dedos. Parecía contento de tener visita. "Ven, voy a enseñarte la casa", me dijo. "Es vieja, pero cuando nos mudamos era de las más lujosas que existían en Pekín. Los techos miden más de diez pies de altura, ya no se construyen casas así. Y tenemos lavadora, televisión, vídeo y aire caliente y frío. Mira, mira", me guió hasta la cocina, repleta de ollas y sartenes. El maestro abrió un cajón y cogió el mando del aire acondicionado. Quería encenderlo para agasajarnos, pero Xiao Ma lo disuadió para que no gastara electricidad.

"Vivimos muy bien", aseguró el maestro, y abrió otro cajón. Guardaba su dinero en unos guantes blancos de espuma como los que usan los magos. Billetes de 100 y de 50 yuanes enrollados, muy prietos. "No necesitamos este dinero. Lo guardamos por si acaso, pero yo tengo todo lo que quiero. La pensión de Feng Xiulan no es muy alta, 300 yuanes al mes (45 dólares), pero yo recibo 2.700 (416 dólares) y con eso nos sobra para vivir. Cuando voy con mis discípulos, no pago nada. Y siempre me sirven lo mejor ", aseguró orgulloso.

La señora Feng era oronda, jovial. Llevaba el pelo corto y ahuecado. Abrió una mesa plegable redonda, puso a hervir agua y preparó té de jazmín. Vertió primero un poco en un vaso y tiró el contenido en un cubo de plástico en el suelo. "El primer té es el que sabe peor", dijo. Luego nos sirvió a todos.

El maestro no probó el suyo. Se encaramó en la cama, puso las piernas en posición del loto y se recostó contra la pared. Al cabo de un rato se desabrochó la camisa y dejó al descubierto el pecho lampiño y la barriga dura, abombada como un caparazón. "Le gusta sentarse así y dejar la mente en blanco", explicó Xiao Ma. Después de comer le entraba siempre ese sopor, a causa del licor de arroz.

La mujer no paraba de ofrecernos comida. Trajo de la cocina una lata con nueces, pasas y pastelillos de miel y la puso en el centro de la mesa. Nos miró expectante y sonrió de oreja a oreja hasta que probamos algo. "Aquellas son mis hijas", dijo señalando el armario. En una de las puertas había una foto pegada con cinta aislante marrón. "Viven en las afueras de Pekín y están las dos casadas. Una tiene dos hijos, la otra todavía no tiene. Mi marido tiene también dos niñas que ya son madres y un varón. Entre los dos tenemos cinco hijos y cuatro nietos. No está mal, ¿eh?"

En la habitación hacía un calor pegajoso, de espacio sin ventilar. Xiao Ma se secaba el sudor con un pañuelo de papel. A la señora Feng empezaban a marcársele surcos en la blusa, en las axilas y debajo de sus voluminosos pechos. Nos preguntó si teníamos calor y por educación dijimos que no, pero aun así conectó el aire y suspiró al sentir el chorro helado. Mientras el maestro dormitaba, se interesó por mi familia, mi salud y mi estado civil. Una vez procesada la información, preguntó si en mi país se comía arroz.

Cuando despertó, el anciano nos enseñó las fotos del encuentro del kung-fu en Heilongjiang. La señora Feng no encontraba sus gafas y Xiao Ma tuvo que describirle minuciosamente cada imagen. "Esta es la del Presidente de la Asociación de Artes Marciales de Jilin; esta otra, de los alumnos de la escuela regional de Heilongjiang", relató con suma paciencia.

El maestro sacó una bolsa de papel rota de debajo de la cama y dos cucarachas salieron despavoridas. Dentro estaba su tesoro más preciado: las fotos de su hijo mayor. Parecían traerle recuerdos dolorosos porque le cambió el gesto. "Ya no es chino, se hizo americano", explicó con amargura. "Ya no quiere usar su nombre, Du Lin. Dice que se llama Jason". Su hijo pródigo tenía cuarenta y un años y llevaba diez en Nueva York. El anciano no sabía en qué calle vivía ni en qué universidad había estudiado, solo tenía su teléfono. "Tal vez tú la conozcas", me dijo, y me mostró la foto de un joven de mandíbula prominente, vestido con la toga negra clásica de los graduados americanos. Estaba lanzando su gorro al aire y miraba al cielo con una sonrisa. Al fondo, en la puerta de la facultad, había un escudo con una inscripción en latín.

"Es esta universidad", insistió el maestro Du, con el dedo sobre las letras. Le expliqué que no era el nombre de ninguna universidad, sino una máxima en latín que instaba a los estudiantes a esforzarse. Asintió decepcionado. Llevaba años esperando la ocasión de preguntarle a alguien que leyera el alfabeto latino cómo se llamaba la institución que becó a su hijo.

El tema era visiblemente delicado. Xiao Ma bajó la vista cuando su maestro empezó a decir que era una vergüenza que su hijo apenas hubiera pisado China en una década y que para entrar en el país tuviera que pedir una visa. Él esperaba que se licenciara en una buena escuela, pero que luego volviera a China a formar una familia. Por lo que dejó entrever, su hijo no había aceptado su segundo matrimonio. La señora Feng, sin embargo, parecía muy orgullosa de su hijastro. Sacó de un armario una caja de cartón con más fotos, salpicadas de excrementos de mosquito. Jason junto a un lago. Jason con tres amigos extranjeros en una tetería del viejo Pekín. Jason posando sonriente en el Templo de Confucio.

"Vive en América y de vez en cuando nos llama. Tiene mucho trabajo", explicó la señora Feng. "Es lo normal. Nuestros hijos tienen su vida. Mis niñas nos visitan cuando pueden, pero a veces les digo que no vengan y descansen, que trabajan demasiado. Mientras no las necesitemos, no queremos ser una carga".

Estaba atardeciendo cuando nos fuimos de la casa. Tras la ventana de los Du, una luz amarilla bañaba los tejados, desdibujados por la niebla y la polución. Xiao Ma todavía tenía que volver al cuarto que compartía con otros trabajadores a lavar la ropa. Era su único día libre en tres semanas y, después de lavarla a mano (no tenían lavadora), iba a ver una película de acción. Mientras bajábamos a tientas las escaleras, me explicó que su maestro se entristecía al hablar de Jason. En 2005, había decidido visitarlo. Su hijo le compró el pasaje a Nueva York y le ayudó a tramitar la visa. Unos días antes de coger el avión, el maestro empezó a sentirse mal y canceló el viaje. Xiao Ma no sabía del todo por qué. Al parecer le entró pánico a volar. Desde entonces no había querido volver a intentarlo. Eso los había distanciado aún más.

A cinco minutos a pie de donde vive el maestro Du hay coctelerías, cafés donde se celebran festivales literarios internacionales y se venden libros prohibidos por el Departamento de Propaganda, restaurantes de fusión que son a la vez tiendas de ropa. El anciano jamás ha puesto un pie en este Pekín consumista y abierto al mundo. Solo sale de casa para ir al Gimnasio de los trabajadores a entrenar. Su mujer compra la verdura en un puesto donde dos libras de cebollas cuestan treinta centavos de dólar. A cien yardas, en el supermercado occidental, valen nueve veces más.

Como el barrio se ha ido poniendo de moda, la vida se ha encarecido. Muchos vecinos han tenido que dejar de comprar carne: el cerdo cuesta el doble que hace unos meses. Algunos negocios cierran porque les triplican el alquiler y los vendedores ambulantes ya no se arriesgan a que la policía les quite la mercancía: no son bienvenidos, así que ya no se ven tantos puestos de fruta que antes. La señora Feng se quejaba de que el barrio estaba irreconocible. La angustiaba perderse, pero me confesó que se moría de ganas de investigar. Les propuse dar un paseo e invitarlos a comer en algún sitio.

Cuando pasé a buscarlos ya estaban en el portal, acicalados y algo nerviosos. Él llevaba uno de sus trajes de seda con botones forrados, azul y granate, e impecables zapatillas de tela blanca. Ella, una blusa de algodón marrón con flores. Olía a lavanda fresca y llevaba en la mano un abanico de paja. Les pregunté adónde querían ir. "Cualquier sitio está bien", respondieron educadamente.

La señora Feng caminaba a pasos cortos, meciéndose ligeramente de izquierda a derecha. El maestro Du, con el cigarrillo en la mano, le llevaba varias pulgadas de distancia. Cruzaba las avenidas sin mirar, pero ella se aferraba temerosa a mi antebrazo. "Esto es horrible", murmuró al pasar por un edificio de oficinas en forma de espiral. "Qué miedo vivir en un sitio tan alto". Me apretó el brazo. "Qué miedo, ¿no?", repitió a gritos para que su marido la oyera por encima del rugido de un taladro y los bocinazos de los coches. El maestro Du la miró, se encogió de hombros y dijo: "Así son las cosas. Cada uno escoge cómo vive". Y siguió caminando.

Doblamos la esquina y fue como si nos hubiéramos metido en la máquina del tiempo. Entramos en un *hutong*[12] donde no se oían las obras ni el tráfico, solo algún timbre de bicicleta y la radio de un vecino. El suelo era de tierra y pocos comercios tenían puerta. En medio de la calle, un barbero le rasuraba la nuca a un abuelo. Cargaba sus utensilios en un recipiente de plástico, incluido un transistor destartalado. Más allá, un panadero moldeaba bollos de pan chino. Una niña flaca los iba rellenando, unos con verdura y otros con picadillo de cerdo. El maestro los saludó y el hombre levantó una mano enharinada.

"Aquí compro el desayuno por la mañana, de camino al Gimnasio de los Trabajadores ", me explicó cuando dejamos atrás la tienda. "Son buena gente, de la provincia de Anhui. Él tiene dos hijos que le ayudan. Su mujer no puede porque está enferma del corazón", aclaró el anciano Du. "Así era Pekín cuando yo llegué: había negocios pequeños, todos nos conocíamos. Pero *meibanfa*,[13] no se puede hacer nada, los años pasan", sentenció. "Tengo hambre. Vamos a comer".

La señora Feng eligió un restaurante de *huoguo* u "olla caliente". En estos lugares típicos del frío norte cada mesa tiene un fogón. Los comensales piden una olla con caldo e ingredientes crudos que van cocinando dentro. No era la mejor época para comer *huoguo*, pero a la mujer le hacía ilusión porque una vecina le había dicho que se comía bien, así que no había más que hablar.

El comedor era enorme, con luces fluorescentes. La camarera

nos anunció que además del *huoguo* la especialidad era el pescado. En un tanque rectangular nadaban decenas de peces y mariscos. Había un par de carpas sospechosamente quietas, con los ojos hinchados. La camarera nos condujo a una mesa para ocho en la planta de arriba para que el maestro y su mujer estuvieran más cómodos. Pedimos un caldero dividido en dos, una parte con sopa picante y la otra no, y un poco de todo para cocer en el caldo: setas, lechuga, rábano, tiras de cerdo y de ternera, corazones de pollo, tofu, bolas de pescado y tiras de calamar. Para beber, la señora Feng quiso su bebida preferida: un refresco de leche de almendras llamado Lulu. El maestro, licor de arroz.

Por cada trozo que se servía, la señora Feng ponía uno en mi plato. Era una madre china en toda regla, vehemente y encantadora. Me hizo probar el Lulu, me troceó un calamar y pidió que encendieran el aire porque, según ella, su marido y yo teníamos calor. El maestro Du sonreía. Casi no comió, pero le dio un buen empujón al licor de arroz.

A nuestro lado, una pareja joven se reía ruidosamente. Estaban borrachos. Él trataba de atrapar una bola de pescado dentro de la olla pero no era capaz. "No me gustan estos jóvenes", gruñó el maestro Du en voz baja. "Siempre pensando en divertirse, nunca en esforzarse".

La señora Feng le dio un manotazo cariñoso. "No te enfades, viejo.[14] Siempre estás con lo mismo. Los jóvenes trabajan y se esfuerzan, pero son otros tiempos. Qué quieres, ¿que vayan a la fábrica como nosotros? Eso no era vida. Pero tú eres un viejo y no lo entiendes".

"Sí, seré viejo, pero los jóvenes no pueden conmigo en combate", bromeó el anciano, con los ojos vidriosos por efecto del alcohol. "La juventud pasa y cada vez menos entienden el kung-fu", dijo. "¿Tú has entendido algo?", me preguntó. Antes de que pudiera contestar, sentenció: "Seguro que no, y aunque te lo explique mil veces no lo vas a entender porque el kung-fu no se describe, se siente. No es un movimiento, sino algo vivo. El kung-fu de algunos discípulos no es peor que el mío. Pueden llegar a crear más movimientos que yo".

La señora Feng le quitó el vaso de delante. "Ya has bebido bastante, viejo. Vamos a casa a descansar". Pedimos la cuenta, y la revisó con cuidado. El anciano sacó su guante con dinero para pagar, pero le rogué que me dejara invitarles. Ayudamos al maestro a bajar las escaleras. Seguía farfullando. "Puedes llamarnos *ayi* y *shushu*",[15] me dijo ella al despedirse. "Ven cuando quieras a tomar el té".

5

Los que se lanzan al mar

El foco se posa sobre ella, iluminando su figura menuda, y el público rompe en aplausos. Algunos se ponen de pie, entusiasmados. Controlando los tiempos, Yang Lu sonríe, empuña el micrófono y saluda a cientos de personas que han venido a escuchar sus consejos sobre liderazgo empresarial: "Buenas noches a todos. Es un honor para mí estar aquí". La audiencia, que incluye empresarios VIP, cantantes, modelos, lo más granado de la farándula pequinesa, responde con otra sonora ovación. Un violinista toca en directo. En tres pantallas detrás de Yang Lu se proyecta una lluvia de pétalos morados, el color corporativo de su imperio. Esta mujer de huesos finos y tono firme se ha hecho millonaria enseñando a formar y a motivar equipos, hablando de innovación, algo impensable antes de la apertura económica hace treinta años. Como ella dice, "sofisticar" a los jefes es su especialidad. Combina talleres puramente empresariales con otros sobre el mundo del vino, el café y el golf, entre otras aficiones importadas que les ayudarán a romper el hielo en las reuniones. Y les ayuda a separar la vida profesional de la personal, que en China siguen estrechamente ligadas.

"Hoy aprenderemos a disfrutar del café, una bebida que no es típica de nuestro país pero que ya se ha vuelto muy común entre nosotros", explica Yang Lu apuntando con un mando a la pantalla de ciento cincuenta pulgadas que tiene detrás. El escenario se llena de azules y amarillos con el cuadro de Van Gogh *Terraza de café por la noche*. "Los franceses se sientan en bares como estos a charlar mientras toman café. Es parte de su estilo de vida relajado y romántico. En China queremos conjugar el éxito profesional con momentos así", dice, y señala las mesas de la *brasserie* sobre suelo adoquinado de Arles en la imagen. Cambio de diapositiva. Sigue un recorrido por los orígenes del café y sus variantes: Indonesia, Jamaica, Colombia, Costa Rica, Yemen. Embelesados, los espectadores escuchan la historia sobre las *Lan Shan*, las Montañas Azules de Jamaica, y cómo su microclima da a los granos un sabor tan peculiar. Algunos toman notas; otros graban la ponencia con sus teléfonos.

El violinista cambia de melodía. Un cañón de luz azul ilumina a dos camareros que han subido al escenario a preparar distintos tipos de café. Agitan sus cocteleras, flambean licores y rematan algunos vasos con copetes de crema mientras Yang Lu va mostrándole las bebidas al público: "Este café se llama irlandés y no se toma en taza, sino en copa, porque lleva whisky. Aquí tenemos un vienés, que por la crema es ideal para postre, aunque a algunos puede resultarnos demasiado dulce. Este otro se llama moca, es la prueba de que el café y el chocolate se compenetran perfectamente".

Cuando termina la presentación, vuelven la luz y los aplausos. "China tiene mucho que ofrecer y mucho que aprender. Gracias a todos. Les deseo salud. ¡*Wanshiruyi!*",[1] exclama, ceremoniosa como prescribe en China la buena educación. El público se levanta para la aclamación final. Las pantallas muestran la sonrisa de la anfitriona en un primer plano gigantesco; deslumbran sus labios carnosos y sus pendientes de brillantes.

Yang Lu es una de esas empresarias que supieron subirse a la ola, detectar una necesidad en el momento preciso. Después de trabajar quince años en compañías extranjeras, abrió una de las primeras escuelas de liderazgo en Pekín. En un país tan competitivo como China, tan fascinado por la oratoria y el aprendizaje, consiguió clientes al momento. Desde el principio fue muy selecta con sus alumnos porque le horrorizaba que la compararan con los gurús de la autoayuda que arrasan en las librerías de los aeropuertos. Solo escogía a altos ejecutivos de empresas potentes: el Banco de China, la televisión CCTV, IBM o fondos de inversión, entre otros.

Hablar con ella directamente era imposible. Para mi desesperación, su asistente personal era una roca: "Yang Lu está muy cansada, ha tenido demasiadas reuniones esta semana", decía cuando se dignaba a contestar al teléfono. En más de una ocasión me explicó que su jefa estaba en una reunión y luego se contradijo con un gélido: "Está de viaje y no sé cuándo vuelve. Es mejor que no la moleste". Seguí intentándolo. Al cabo de varias semanas, misteriosamente, funcionó.

Las oficinas de Ya Zhi, la empresa de Yang Lu, estaban en un rascacielos del CBD, uno de los distritos de negocios de Pekín. Me topé con las primeras empleadas de uniforme morado en el ascensor. Traje de chaqueta, camisa de seda, moño prieto, medio tacón: una estética diseñada al milímetro por su jefa, según me explicaría ella después. En la puerta me esperaba una coordinadora con el mismo uniforme, un par de gamas más oscuro. A primera vista, era una oficina como cualquier otra: hileras de cubículos con empleados absortos, suelo alfombrado, el ruido de teléfonos y faxes. Sin embargo, algo llamaba la atención. Era la música de fondo. "¿Es música tibetana?", pregunté a mi guía. "Sí, son cantos budistas. A la Profesora Yang Lu[2] le gustan para trabajar", susurró abriendo la puerta del despacho de su jefa y haciéndose a un lado para dejarme pasar.

La empresaria revisaba una pila de papeles. Se levantó para estrecharme la mano, pero antes de poder dar un paso estornudó. "Lo siento mucho, estoy resfriada", se disculpó y apartó discreta la cara para sonarse con un pañuelo de papel. "Mi asistente me dijo que tenías mucho interés en que habláramos y no quería cancelar nuestra cita. Tendrás que soportar esta voz terrible", dijo. Tenía los ojos vidriosos y la nariz hinchada y enrojecida. En el interior de su despacho los cánticos tibetanos sonaban más alto. Me fijé en unas barritas de incienso que ardían en un pequeño altar de madera encajonado entre sus libros de empresa. Yang Lu me invitó a sentarme. Llamó por un interfono para que nos trajeran té y se sentó en su sofá de cuero violeta, bajo un retrato de Buda.

¿Por qué los mantras de fondo? "Me ayudan a concentrarme mientras trabajo", aseguró. "Y creo que a mis empleados les beneficia escucharlos también". Fue explicándome la decoración de la estancia, una extraña mezcla entre templo y museo empresarial que para ella tenía todo el sentido del mundo. Una pared estaba cubierta de arriba a abajo con los galardones que había obtenido en su carrera: el premio a una de las diez mejores empresarias del país, el de "Entrenadora pionera de líderes empresariales", "Miembro del Comité de Recursos Humanos de China", "Premio a la imagen de marca". Junto a la ventana colgaba un tapiz de colores brillantes que representaba una Rueda de la Vida tibetana.[3] "Me lo trajo un amigo de Lhasa", explicó acariciando el tejido. Sobre las repisas se acumulaban minerales, frascos de cristal, un tigre dorado y varios animales de jade. Me contó que había elegido ella todos los detalles, desde el tono de las paredes hasta la opacidad de las cortinas. El nombre corporativo, Ya Zhi (雅致), elegancia, también era suyo.

"En mi opinión, la elegancia y la delicadeza son cualidades que deben poseer tanto los jefes como los empleados. El color morado conjuga el romanticismo y la racionalidad porque tenemos que hacer caso de los impulsos sin caer en sensiblería. Un tono rosa habría resultado demasiado femenino. El morado representa a ambos sexos", aclaró.

Yang Lu no podía ser más china en su sentido del deber y, como comprobé más tarde, en su humor. Pero a la hora de hablar no le gustaban los circunloquios como a la mayoría de sus compatriotas. Me espetó sin pestañear que el gran lastre de las empresas de su país era el legado confuciano, asentado en una jerarquía muy fuerte. Para Confucio, el interés del grupo se antepone al del individuo y hay que buscar ante todo la cohesión y la armonía. Yang Lu creía que la estructura piramidal típica en la que los jefes mandan y los empleados acatan termina fallando. "Los trabajadores en este país están acostumbrados a la jerarquía, a obedecer sin pensar en la repercusión que tendrá su acción en otros departamentos o en la totalidad del negocio", me explicó Yang Lu. No creía que la armonía y la humildad condujeran al éxito empresarial. Por el contrario, podían derivar en la complacencia y el estancamiento. Cuando el personal temía parecer soberbio por llevar la iniciativa, explicó, no hacía nada aparte de lo estipulado en sus funciones.

Sirvió el té en vasos de porcelana y echó en el suyo unas hierbas medicinales. "Espero que se me quite pronto este catarro. Tengo la agenda completa hasta dentro de dos meses", suspiró. "Y me cuesta delegar. Hago justo lo contrario de lo que predico a mis alumnos". Para explicar lo que hacía, sacó unos folletos de un archivador y una pila de artículos que habían publicado sobre ella diferentes medios.

Cuando montó Ya Zhi en 2002, la asesoría al empresario era una actividad casi desconocida en el país. Los chinos estaban acostumbrados a ver en televisión a supuestos expertos (en realidad, algunos son actores) que pregonaban sus trucos para conseguir el éxito profesional; no entendían del todo por qué hacía falta ir a una escuela para trabajar mejor. Yang Lu se cansó de explicar que no tenía nada que ver con esos gurús. Afortunadamente, sus buenos contactos le dieron un voto de confianza. Para impartir los seminarios, contrató a una docena de mujeres sobresalientes en el comercio, las relaciones públicas y la psicología, y ella se hizo cargo de los clientes más selectos y las relaciones institucionales. Llevaba así casi una década. Rara vez pasaba una semana sin que inaugurara un seminario empresarial o participara en un programa de televisión.

Aunque sus servicios eran personalizados, con el tiempo se dio cuenta de que todos sus alumnos necesitaban empezar por ciertas pautas básicas. Por ejemplo, por aprender a distinguir entre un grupo y un equipo. "No es algo evidente para los chinos. A los alumnos les preguntamos qué diferencia ven entre un equipo de baloncesto de la NBA y un grupo de turistas que viajan con una agencia, y tienen que pensar un rato antes de contestar". Otra de las primeras lecciones instaba a los altos ejecutivos a guiarse por criterios profesionales, y no por amiguismo. "En China cuanto mejor le caigas al jefe mejor te trata, y a la inversa. Eso no puede ser", insistió.

Motivar a los trabajadores era lo más difícil. "Fíjate en cualquier empresa. En cuanto el jefe no está, los empleados se toman un descanso". Tenía razón, al menos en lo que se refería al ámbito de las oficinas. En ese sentido, China es uno de los países con mayor absentismo laboral del mundo.[4] Ambas teníamos amigos que, en cuanto podían, se echaban una siesta en horas de trabajo o se inventaban visitas al médico para quedarse en casa viendo la televisión. Desde luego, también hay millones de personas que no descansan ni un solo día de la semana porque si no, no cobran. Viven como autómatas, entre la cama y la fábrica, la obra o el restaurante. Pero, como matizó Yang Lu, los jefes de esa gente no contrataban cursos para motivar a su personal.

Muchos ejecutivos la llamaban frustrados porque sus mejores empleados desaparecían al cabo de unos meses y se pasaban a la competencia. La rotación laboral había disminuido un poco por la crisis en Occidente y la propia coyuntura en China, pero seguía siendo enorme. Según Yang Lu, hasta cierto punto era positivo porque significaba que el mercado se movía y había competencia, pero también acarreaba consecuencias. Muchos empresarios eran conscientes de que tenían que cambiar algo, pero no sabían qué.

No había llegado hasta allí por vocación. De niña, Yang Lu soñaba con ser bailarina y militar. Sus padres eran miembros del Ejército y le habían inculcado el gusto por la música y el baile. A principios de los ochenta ingresó en la Academia Militar de las Artes de Pekín, una de las instituciones más prestigiosas del país, pero una lesión le impidió entrar en Danza y acabó matriculándose en Ingeniería informática. Le fascinó. Por entonces, China vivía un período único, con su recién estrenada apertura económica, y la población empezaba a sacudirse los traumas de la Revolución Cultural.[5] Vestirse a la moda o maquillarse ya no se consideraban estigmas burgueses; los universitarios disfrutaban de una inusitada libertad de expresión.[6] El lema oficial ya no era alcanzar la igualdad económica, sino hacerse rico. Deng Xiaoping estableció en varias ciudades de la costa Zonas Económicas Especiales,[7] laboratorios de ensayo del capitalismo para ensayar la apertura económica y atraer inversión del exterior. Las primeras compañías extranjeras desembarcaron en el país.[8] La gente estaba cargada de ideas y energía, deseando progresar. Obstinada y visionaria, Yang Lu sintió que no podía perder ese tren. En 1991, nada más terminar la facultad, aceptó una oferta de la compañía francesa Bull. Tres años más tarde la reclutó Hewlett Packard, donde pasó ocho años que recuerda con entusiasmo.

"Aprendí lo indecible en esos dos trabajos. Me di cuenta de que las empresas extranjeras nos llevaban mucha ventaja. HP tenía más de treinta años de historia cuando entré yo, y en esos años se había forjado una cultura propia. Trabajaban de forma diferente. Al principio me chocó que mis jefes separaran sus vidas del trabajo. Eran muy responsables en la oficina, pero cuando terminaba la jornada o estaban de vacaciones, no contestaban las llamadas. Los empresarios chinos suelen pasarse las 24 horas del día trabajando. No saben ser productivos". Seguía estornudando a cada tanto, pero en ningún momento hizo ademán de cortar la conversación.

Sirvió otra ronda de té. A su juicio, el punto débil de las empresas privadas chinas era su falta de recorrido: las más antiguas no habían cumplido ni tres décadas (hasta 1988, ni siquiera existían legalmente) y tenían que aprender muchas cosas a marchas forzadas. No había que olvidar que China había experimentado una transformación económica brutal en tiempo récord, del maoísmo a un capitalismo de Estado sin complejos. En 1979 se disolvieron las granjas colectivas y cada familia pudo encargarse de un pequeño terreno. Por primera vez la población ya no estaba obligada a vivir, comer y trabajar junta, sino que decidía lo que quería plantar y podía quedarse con los beneficios de su trabajo. En esta mutación estructural, conocida como *gaizhi* (改制, transformación del sistema) se reestructuraron y se cerraron decenas de miles de empresas estatales.[9] Desaparecieron cuarenta y cinco millones de empleos[10] y mucha gente se lanzó a crear su empresa.

Hoy están registradas en China cuarenta millones de compañías y el 93% son privadas.[11] Sin embargo —y este es el quid de la cuestión— el Estado aún controla los sectores estratégicos de la economía a través de los gigantes públicos del petróleo, el gas, el acero, los seguros y las telecomunicaciones.[12] Ocho de cada diez miembros de los consejos de administración de esas empresas los nombra directamente el Partido Comunista. Son menos eficientes que las empresas privadas,[13] pero los grandes bancos, que también son estatales, les conceden todas las facilidades de crédito. Muchos expertos ironizan diciendo que, al fin y al cabo, todo forma parte de una misma gran empresa, "China S.A."

Yang Lu tenía asumido que los empresarios independientes como ella jugaban en segunda división. Sus grandes preocupaciones eran captar inversiones y conseguir financiación, ya que más del 90% no consigue el apoyo de los grandes bancos.[14] Pero el empresario chino es decidido y busca dinero donde haga falta:[15] familia, amigos y, sobre todo, prestamistas privados. Ese sistema de crédito paralelo mueve sumas ingentes: unos 630.000 millones de dólares al año, el equivalente a casi el 10% del PIB chino de 2011.[16]

En algunas zonas el problema de acceso al crédito está causando gran inestabilidad social. En Wenzhou, la ciudad que produce la mayoría de bolígrafos y mecheros que se usan en el mundo, casi un centenar de empresarios se dieron a la fuga en 2011,[17] a causa del coste creciente de las materias primas y la reducción del número de pedidos. Pero sobre todo porque no podían pagar a los usureros, que llegaban a cobrarles un 70% de intereses. Tras la desbandada, miles de trabajadores se quedaron sin cobrar sus salarios y se generó un malestar que puso en guardia al Gobierno. Las autoridades reconocieron que las mafias de prestamistas operan a sus anchas en muchas partes del país y recurren al secuestro y a la tortura para reclamar su dinero, pero que los empresarios seguirán dependiendo de ellos mientras no tengan otra alternativa.

¿Qué sería de China sin el negocio privado? En regiones como Zhejiang, la cuna de los empresarios, más de seis millones de pequeñas y medianas empresas emplean al grueso de la población. Al frente de ellas hay muchos trabajadores tenaces y sacrificados, algunos con historias trepidantes. No hace falta buscar mucho para encontrar al típico millonario que dejó los estudios a los dieciséis años, le pidió prestados 300 yuanes (47 dólares) a un primo para comprar dos máquinas, las revendió por 100 yuanes más y con eso montó una empresa, por ejemplo de botones. Hoy regenta una fábrica de mil quinientos trabajadores y piensa en distribuir ropa, herramientas o abonos ecológicos. Yang Lu conocía muchos casos similares. "Nuestros padres estaban acostumbrados a quedarse en la misma empresa para siempre. Mi generación ha tenido que adaptarse y quiere más".

Yang Lu no entendía a la gente acostumbrada al "cuenco de hierro", al empleo fijo y las buenas prestaciones.[18] Se identificaba con los que se habían lanzado a crear su empresa, o como dicen los chinos, a *xia hai* (下海), "lanzarse al mar", renunciando a un puesto en una fábrica estatal para zambullirse en el océano del mundo de los negocios. "Los chinos somos emprendedores, no tenemos miedo, aceptamos el riesgo y si algo sale mal, pasamos a otra cosa. Claro que no todos somos así. A la clase media, sobre todo, no le gusta la presión. Los que trabajan para compañías extranjeras u ocupan puestos de dirección sí aceptan la presión, pero al resto le basta con vivir la vida", dijo, y señaló con una mueca de disgusto a sus empleados a través del cristal.

En los días despejados, desde la ventana de Yang Lu se divisaba el Jianwai SOHO, un complejo residencial que simboliza el éxito de la empresa privada. Dirigida por los multimillonarios Pan Shiyi y Zhang Xin, SOHO es la mayor inmobiliaria de China. Hay pocos matrimonios que ofrezcan más juego mediático: acumulan decenas de premios internacionales, organizan fiestas para ricos y famosos y tienen millones de fans en Internet. Desde 1995, han edificado casi treinta millones de pies cuadrados y están en proceso de construir otros tantos.[19]

El Jianwai fue su primer proyecto, y arrasaron. Las veinte torres blancas creadas por el arquitecto japonés Riken Yamamoto respondían exactamente el tipo de diseño funcional que pedían los nuevos ricos después del maoísmo. Todo el mundo quería hacerse con uno de esos apartamentos acristalados, diáfanos, de entre setecientos y dos mil pies cuadrados. Tres de cada cuatro compradores fueron chinos menores de treinta y cinco años, empresarios cosmopolitas, muchos educados en el extranjero. Algunos pusieron rejas en las ventanas porque no estaban acostumbrados a semejantes vistas y sufrían ataques de vértigo.

Pan Shiyi y Zhang Xin son la prueba de que en China muchos millonarios empiezan de la nada. En tres décadas, un pastor de cabras puede pasar a conducir un convertible. Pan creció en la provincia de Gansu, una de las más pobres, con el estigma de un padre contrarrevolucionario. Su familia tuvo que entregar en adopción a dos de sus hermanas. Se aplicó a estudiar hasta que lo aceptaron en una universidad en Pekín. Trabajó tres años en el Ministerio de Hidrocarburos y dimitió para irse a Shenzhen, en la costa sureste, a una empresa privada. Después probó suerte en la isla de Hainan, el "Hawaii chino", donde el mercado inmobiliario estaba despuntando. Y comprando, vendiendo, afinando el olfato, se convirtió en un magnate del sector.

En 1994, Pan Shiyi conoció a Zhang Xin, que también había acumulado un buen patrimonio empezando desde lo más bajo. Entre los primeros recuerdos de Zhang Xin está el cuenco de metal de arroz que compartía con sus compañeros de escuela, en una época en la que "todo era gris y todo el mundo vestía igual".[20] A los catorce años se marchó con su madre a Hong Kong, que todavía era colonia británica. Trabajaba de día en un taller y asistía a la escuela por las noches. Con mucho esfuerzo consiguió ahorrar para un pasaje de avión a Londres y allí se fue, con poco más que un diccionario y un *wok* bajo el brazo. El viaje fue su punto de inflexión. La conmovieron los museos, la ópera, la vestimenta de los británicos. Consiguió una beca para cursar un master en Cambridge y posteriormente la contrataron en Goldman Sachs en Nueva York. Volvió a Pekín, animada por las oportunidades de negocio que se abrían al calor de las reformas. Conoció a Pan y en menos de una semana decidieron casarse. Un año más tarde fundaron SOHO.

La pareja se declara apolítica, aunque publica comentarios muy incisivos sobre las autoridades en Weibo, el Twitter chino. El sector inmobiliario está "tan dirigido por las políticas del Gobierno que uno pasa más tiempo entendiendo las leyes que haciendo negocios", se quejó Zhang Xin ante sus 2,4 millones de seguidores en agosto de 2011. Pan Shiyi también es muy activo en Internet. Ha criticado la contaminación del aire de Pekín esgrimiendo las mediciones que realiza la embajada estadounidense, mucho más completas que las del propio Gobierno chino, y participa en algunos debates sobre temas candentes. Cuando murió Steve Jobs, el presidente de Apple, marca que arrasa en China a pesar de los escándalos que afectan a sus subcontratas,[21] Pan escribió en su Weibo: "El Consejo de Apple debería aprobar de inmediato la producción masiva de un nuevo iPhone y un nuevo iPad a menos de 1.000 yuanes (157 dólares) para que más gente pueda comprarlos. Esa es la mejor manera de conmemorar a Jobs". Un internauta le respondió: "Si algún día fallece el presidente Pan Shiyi, por favor, saquen al mercado casas a menos de 100 yuanes el pie cuadrado. Miles de millones de personas lo conmemorarán". El mensaje fue reenviado miles de veces. En Internet, no obstante, se le tiene en buena estima porque se toma las críticas con humor. Algunos señalan que se esmera en mantener un perfil bajo porque sufrió mucho cuando su padre fue defenestrado por el maoísmo. Otros rumores más cínicos sugieren que, siendo tan rico y dedicándose al negocio inmobiliario, no puede tener las manos del todo limpias y por eso calla.

E s complicado medir el grado de cercanía entre los empresarios chinos y el Partido Comunista (PCCh). No es ningún secreto que los magnates de las compañías públicas tienen línea directa con Zhongnanhai, la sede del gobierno central en Pekín. Algunos provienen de altos cargos en la Administración[22] o aspiran a entrar en el Politburó. Podríamos decir que existe un sistema de puerta giratoria, del Gobierno a las empresas, y de las empresas al Gobierno, agravado por un nepotismo flagrante.

En China es habitual que los políticos coloquen a sus hijos al frente de empresas estatales. Lo ha hecho el primer ministro Wen Jiabao.[23] Lo hicieron sus predecesores Li Peng y Zhu Rongji. A los herederos se les conoce como *taizi* (太子), "principitos". Si uno revisa los consejos de administración de las empresas estatales una por una, salen decenas de apellidos célebres. Irónicamente, al PCCh se le conoce como el Partido de los Principitos (*taizidang*, 太子党). En los medios oficiales el tema se aborda de soslayo, y las críticas llegan por vía indirecta. En 2011, el oficialísimo Diario del Pueblo publicó un sondeo en el que el 91% de los encuestados creía que en China todas las familias ricas tenían contactos en el mundo de la política. Los ciudadanos ponen el grito en el cielo cada vez que circulan en Internet fotos de estos vástagos de la "nobleza roja" en una fiesta, rodeados de modelos, actores y deportistas de élite o mostrando sus hazañas en Facebook.

En cuanto a los empresarios privados, el PCCh ha pasado a cortejarlos después de excluirlos de sus filas durante años. Entonces constituían un "símbolo del capitalismo", pero ahora "son también los constructores del socialismo con características chinas".[24] A los propios empresarios les interesa mantener relaciones fluidas con el Partido, un club selecto que se reserva las mejores oportunidades profesionales. Li Shufu, el millonario fundador de Geely y propietario de Volvo, lo explicaba con naturalidad en una entrevista: "Es una relación de dirigente y dirigido. Los empresarios chinos tienen que implementar en su trabajo las directrices del Partido. Hacemos lo que nos dice el Gobierno. Es un principio fundamental de la economía de mercado china y no hay nada que discutir. Creo que está bien que escuchemos al Partido y sigamos las instrucciones del Gobierno".[25]

El Partido busca ahora el apoyo de estos empresarios que generan gran parte de la riqueza del país e innovan más que los monolitos estatales, eficaces para desarrollar proyectos de infraestructuras, pero no tanto productos de valor añadido. Si China quiere dejara atrás su imagen de fábrica del mundo, opinan muchos expertos, necesita contar con la empresa privada.

Los jóvenes empresarios tienen la mirada puesta en los genios de Silicon Valley, no en el Partido Comunista. En las grandes ciudades se han puesto de moda las incubadoras de proyectos, que emulan las *start-ups* californianas. En oficinas de diseño, con salas de juegos y refrescos gratis, los veinteañeros chinos ponen ideas en común y tratan de seducir a inversores para llevarlas a cabo. Tienen precisamente miedo de dos cosas en caso de alcanzar el éxito: la primera, que una empresa grande como Baidu (el Google chino) se apropie de la idea, aprovechando la laxitud de las leyes chinas de propiedad intelectual. La segunda, que el Gobierno les corte las alas.[26]

Cuando hablaba del Partido, Yang Lu medía mucho sus palabras. Sabía que para sobrevivir era importante llevarse bien con el poder. Al fin y al cabo, el Gobierno también le daba de comer contratándola para dar charlas en las empresas estatales y haciéndole publicidad a través de los medios oficiales. Solo se soltaba al criticar a los nuevos ricos, a sabiendas de que algunos eran funcionarios.

"Con el desarrollo de nuestra economía, mucha gente ha hecho dinero y no sabe cómo gastárselo. Se comportan de manera lamentable. Si van a comprar bolsos, como les suena la marca Louis Vuitton, se compran diez; si ven diamantes, se los llevan por manojos, como si fueran piedras. Les falta curiosidad, no tienen ideas propias. Van a un concierto y se quedan dormidos. No tienen ni idea de quién era Chopin, de quién era Tchaikovsky. Y les da exactamente igual. Hay demasiada población en este país y los que tienen educación y buen gusto son muy pocos".

Uno de sus seminarios estaba enfocado a educar a los ejecutivos más agrestes: "Apreciar el lujo y analizar la inversión". Les hacía leer su libro *El banquete del buen gusto*. Me regaló una copia que venía con un DVD dentro. En la cubierta, sobre el indefectible fondo morado corporativo, aparecía ella misma con una gruesa gargantilla de perlas y una copa de cristal en la mano. Su capítulo preferido versaba sobre el vino y cómo paladearlo. Se le ocurrió después de reunirse con unos constructores tan maleducados que la sacaron de casillas. "Muchos chinos beben el vino como si fuera un licor, vaciando los vasos de un trago", me explicó. "No tienen ni idea de toda la cultura que hay detrás".

No criticaba a los extranjeros y me pregunté si sería por respeto a mí. Quise saber qué le parecían los empresarios en otras partes del mundo. Por mucho que hablase del *glamour* occidental en sus libros, imaginaba que no los veía refinados a todos. Aseguró, irónica, que en veinte años de experiencia había trabajado con genios e incompetentes de varias nacionalidades, incluida la suya. Le pedí que fuera algo más incisiva y se rió. "Bueno, siempre decimos que ustedes los occidentales son vagos".

Para Yang Lu, la mayor virtud de los chinos era la diligencia. Y estaba en su ADN: si a un chino le encargaban un cometido, lo llevaba a cabo aunque tuviera que pasar varias noches sin dormir. Le fascinaban las diferencias culturales a la hora de hacer negocios. Entendía la frustración del extranjero por la falta de profesionalidad de algunos chinos. Y la de sus compatriotas cuando llegaba un occidental con demasiadas pretensiones. Comprendía por qué los occidentales necesitan dejar las cosas claras y por escrito, mientras que los chinos rara vez se niegan directamente a algo y no le dan tanto valor a un papel firmado. El extranjero podía cuestionarse antes si la tarea tenía sentido. No obedecía a ciegas, pero no era tan disciplinado. Muchos iban a China cargados de tarjetas de visita y regalos para sus posibles socios locales, pensando que se pondrían de acuerdo entre un brindis y otro. Días más tarde, cogían el avión de regreso sin tener ni idea de en qué punto estaba la negociación. Ella, que conocía los dos mundos, les explicaba a sus alumnos que el tiempo y los contactos no tienen el mismo peso para unos y otros. Los chinos necesitan construir primero una relación personal, no les importa pasar horas y horas con sus invitados, mientras que un americano o un europeo se desesperan cuando sus anfitriones los invitan a visitar el museo local de turno, luego a un banquete de quince platos y más tarde, a un karaoke. Los occidentales venden sus propios logros; a los chinos les resulta prepotente e infantil: prefieren la autocrítica. No porque no les importe qué opinan los demás, sino porque están obsesionados con la imagen que proyectan. De hecho, no perdonan a nadie que los deje en ridículo. Yang Lu utilizaba ejemplos como estos en sus clases.

Gracias a su habilidad para relacionarse y a su nutrida agenda, era una invitada muy cotizada en fiestas y sets de televisión. Y un éxito asegurado. Su jornada podía empezar con una conferencia a primera hora en la universidad; luego almorzaba con algún cliente; su chofer la recogía para llevarla a darles clase a unos empresarios o dictar otra conferencia y muchas tardes salía de allí a grabar un programa. Lo normal era que por la noche la invitaran a cenar. En ocasiones su trabajo le exigía pasar quince horas seguidas en tacones, vigilando su expresión corporal y sin perder la agilidad mental. Su perspicacia, ese toque incisivo, pero muy humano, la distinguía de otras tantas famosas que competían por el mismo espacio en los medios.

Yang Lu es un referente para las mujeres chinas de entre cuarenta y sesenta años, una especie de Oprah Winfrey china, según me explicó mi amiga Liu Chengxi. Por lo visto, la madre de Liu estaba entre sus incondicionales y tenía en la mesita de noche *El banquete del buen gusto, Construye tu carisma* y otros libros de la empresaria. Para el público femenino es una maga de la pantalla que cautiva desde el primer minuto. Mi propia amiga, que no había cumplido los veinticinco años, se moría por conocerla y me rogó que se la presentara.

Nos recibió amablemente en su despacho, vestida con un traje negro suelto y una chaqueta color mandarina. Era una relaciones públicas nata: enseguida le regaló a Liu una pila de libros y le hizo varias preguntas nimias para romper el hielo. Al ver el enorme respeto con el que le hablaba mi amiga, caí en cuenta de que Yang Lu realmente era una diva en China. "Mi madre no se pierde ninguno de los artículos que escribe en las revistas femeninas. No es empresaria, pero la admira mucho", balbuceó Liu. Yang Lu no se inmutó. Estaba acostumbrada a brillar. Le preguntó a la joven cómo se llamaba su madre y le firmó uno de los libros. "Dale las gracias por su interés", dijo cortés.

Liu Chengxi bajó la mirada. "Sabe, a mi madre le gusta mucho lo que cuenta sobre la necesidad de independizarse porque se está separando. Necesita reconstruirse. La noto bastante deprimida y también por eso quería conocerla a usted. Pensé que quizá me daría claves para ayudarla", soltó de un tirón. Se hizo un silencio incómodo. La Liu que yo conocía era bastante reservada. Nunca me había contado que estuviera preocupada por su madre.

Yang Lu frunció el ceño y por un momento temí que tomara la reunión por una emboscada. Lanzó un largo suspiro y se remangó la chaqueta. "No eres la primera que me cuenta esto. La sociedad china constriñe a las mujeres y no las deja evolucionar. Siempre nos dicen lo que tenemos que hacer: de niñas, nuestros padres eligen la escuela a la que vamos; cuando vamos creciendo, aparecen los chicos y con frecuencia el que nos gusta no nos quiere. Después nos casamos, damos a luz y ya nos hemos convertido en madres. Tenemos que entregarnos a la familia, al niño y al marido. Toda nuestra energía la dedicamos al hogar". Por la línea interna del despacho, llamó a su secretaria para que trajera unas bebidas y se recostó en su sillón. La cosa iba para largo.

Liu Chengxi parecía aliviada y se aventuró a contarnos la historia desde el principio. Hacía unos meses, su madre había descubierto que su marido la engañaba. No le sorprendió. Por lo visto nunca se habían llevado bien y lo hablaban abiertamente. Pero la destrozó que él no quisiera mantener las apariencias. "Mi padre tiene una novia más joven. Se fue a vivir con ella y ahora todos los vecinos saben que están separados. Mi madre se pasa el día diciendo que no vale nada, que eso no es vida. Ella habría preferido que él se quedara en casa y llegaran a un acuerdo", explicó Liu. "No digas eso", replicó Yang Lu. La escena parecía sacada de un programa del corazón; las dos estaban entregadas. "Muchas mujeres en este país no tienen autoestima. No son independientes. Cuando se enteran de que sus maridos les engañan ya tienen cincuenta años y no saben a dónde ir".

Se acordó de una conferencia que había dado sobre autoestima para mujeres y nos puso el DVD en un reproductor. "Este te lo daré para que se lo lleves a tu madre", le dijo a Liu. Era un vídeo de dos horas, pero fue pasándolo rápido con el cursor hasta llegar a la parte final, donde se entrevistaba a varias mujeres empresarias. "Los testimonios son muy interesantes. A lo mejor a tu madre le sirven de inspiración. Ahora estará llena de rabia, sin saber cuál es su lugar. Conozco a muchas mujeres que han pasado por lo mismo. Ponen todo su empeño y energía en la familia, dejan de trabajar y cuando su matrimonio fracasa ven que fue una trampa. No pueden buscar consuelo en sus padres porque son mayores, ni en sus hijos, para no preocuparlos".

Explicó que durante toda su carrera se había esforzado para que no le colgaran etiquetas. Estudió una ingeniería, trabajó durante años rodeada de hombres, en ambientes donde las mujeres solamente llevaban té. Por mucha igualdad que publicitara el maoísmo, la emancipación de la mujer no había llegado todavía a China. Para montar su empresa había sacrificado dinero y tiempo. Se había lanzado al mar. Y ahora, con cuarenta y un años, iba a descansar por primera vez desde que empezó a trabajar. Se tomó su té y nos anunció que estaba embarazada de tres meses.

Ya no volvimos a vernos hasta que dio a luz. Fueron gemelos, un niño y una niña. Seis meses después, Yang Lu volvió a su frenética agenda de conferencias, debates, seminarios en su oficina violeta, sonrisas frente a las cámaras de televisión. Más estrella que nunca, lanzó Yadro, el primer portal de mujeres profesionales del *coaching*.[27] Colgó sus clases en video en Internet. Se alió con un amigo diseñador surcoreano para crear su propia línea de ropa femenina e hizo ella misma de modelo en el catálogo. Al primer desfile asistieron centenares de empresarios, gente del Gobierno, estudiantes que se confesaban arrebatados por su carisma. "¿Han visto *Titanic?*", les preguntó ella, estirando el cuello con una sonrisa seductora. "Estas son las joyas que salían en la película".

6

✦✦✦✦

La vida en el subsuelo

Los llaman ratas y se han convertido en un símbolo de la fiebre inmobiliaria en Pekín. Son al menos un millón de personas que viven bajo tierra: el alojamiento es tan caro que solo pueden alquilar un cuarto en los sótanos de los rascacielos o en los búnkeres de la capital. A finales de los años sesenta, el ex presidente Mao Zedong, obsesionado con la posibilidad de un ataque nuclear soviético, mandó excavar dieciocho millas de refugios antiaéreos, donde en caso de guerra cabría la mitad de la población. El centro de la capital quedó agujereado como un queso *emmental*. Medio siglo después, esa ciudad subterránea es la única opción para muchos estudiantes, camareros, peluqueros, oficinistas, divorciados que empiezan de cero y un largo etcétera de buscavidas.

Chen Erfei tiene treinta años y llegó en 2009 desde una aldea del centro del país en la que tener inodoro era un lujo. Trabaja como portero en una urbanización para chinos de clase alta y extranjeros, en la zona de bares de moda. Por la noche, baja a dormir al subsuelo con otras trescientas personas. Las camas cuestan unos sesenta y cinco dólares al mes, cuatro veces menos que un cuarto en la superficie. Chen no paga porque su empresa arrienda cuartos para sus trabajadores.

Es un *mingong*, un trabajador que ha emigrado del campo a la ciudad. En toda China hay casi trescientos millones de personas en su situación, la mayoría menores de treinta años, y en Pekín ya son un tercio de los veinte millones de habitantes. Gracias a su enorme sacrificio han hecho posible el milagro económico chino: dejan atrás a sus familias para mantener a flote las fábricas, construir los rascacielos, limpiar las oficinas y servir en los restaurantes. Mandan a sus casas casi todo lo que ganan y, con suerte, vuelven una vez al año cargados de regalos. A menudo sus hijos pequeños ya no los reconocen.

Chen está orgulloso de donde vive. Para llegar a su cuarto hay que entrar en uno de los rascacielos, bajar las escaleras y atravesar la sala de calderas, de la que sale un ruido ensordecedor. A lo largo del pasillo se abren puertas al garaje y al depósito de bicicletas. Al fondo hay un búnker antiaéreo dividido en decenas de habitaciones. El primer día que me llevó, cuatro chicos enclenques con uniformes de portero dormitaban junto a las letrinas. Se levantaron de un brinco al vernos y saludaron, cabizbajos. No tenían ni diecisiete años. "Acaban de llegar", me explicó Chen con su voz aguda. A su lado se sentía un veterano, aunque el pantalón también le hiciera bolsas: estaba tan esmirriado que tenía que doblárselo por encima del cinturón.

Chen habla muy bajo, arrastrando las palabras con un acento suave de Henan, sustituyendo las enes por eles. De vez en cuando le sale un gallo, como si le estuviera cambiando la voz. Tiene el pelo cortado al ras, la piel dorada, el cuello largo y los dientes blanquísimos, para alguien que nunca ha podido pagarse un dentista. Mueve las manos despacio y mira constantemente al infinito. Un físico y unos gestos tan delicados que uno se lo imagina garabateando poemas en su litera. Nada más lejos de la realidad.

Compartía la habitación con siete compañeros, todos vigilantes de la urbanización. Habían colocado cuatro literas de metal en ciento treinta pies cuadrados. Los somieres eran tablas de madera, algunas demasiado cortas (me confesó que al dormir se le salían los pies). Ni un cuadro, ni una alfombra, ni una rendija por donde se colara la luz del día en su mundo subterráneo. Había dos camas ocupadas: un muchacho con la cara devorada por el acné jugaba con su teléfono apoyándose en los codos; el otro, enroscado en posición fetal, roncaba. "Después del trabajo estamos tan cansados que solo queremos dormir", se excusó Chen.

En el suelo, varios cubos de plástico, zapatos desparejados, un taburete, pelusas del tamaño de un puño. Alguien había dejado un cuenco con fideos instantáneos y sopa a medio terminar. Olía a sudor y a comida.

"¿Qué tal se vive aquí?", pregunté.

"No puedo quejarme de las condiciones", sonrió.

Cuando pensaba en lo que habría sido su vida si no se hubiera ido del pueblo, me explicó, se sentía un privilegiado.

En 1981, cuando Chen nació, China había empezado a liberalizar su economía,[1] pero en el Valle de Chengjia, en la cuenca del Río Amarillo, no se había notado nada. Entre los dos mil habitantes de su aldea, minúscula para los parámetros chinos, los Chen eran una familia envidiada porque el padre trabajaba en una fábrica estatal y tenía un sueldo seguro a fin de mes. La madre era la maestra de una escuela cercana. Una parcela para sembrar y un corral con cerdos y pollos les garantizaban comida en la mesa.

Chen recuerda que fueron de los primeros en tener televisión. "Los vecinos venían por la noche a ver las novelas revolucionarias. Teníamos también radio y lavadora. Éramos muy afortunados porque teníamos un obrero en casa". Los padres además cultivaban la tierra, así que él y sus dos hermanos tuvieron que espabilar pronto. La abuela cuidaba de ellos y de sus primos. En total, ocho nietos. "Como no sabía a qué niño atender, al final no le hacía caso a ninguno", bromea Chen. No recuerda haberle contado sus cosas a nadie de la familia. "En los pueblos la gente habla poco, no está acostumbrada a expresar sus sentimientos, ni siquiera con los hijos. Algunas noches mi madre nos pedía perdón por no tener tiempo para nosotros. Nos recordaba que éramos la envidia del pueblo porque teníamos televisión".

La gran preocupación de los padres era casar a su prole lo antes posible y para eso cada hijo debía tener una vivienda. "Sin una casa, en el pueblo no eres nadie", asegura Chen. "Los jóvenes se pasan varios años construyendo su vivienda y al final sienten que han alcanzado el éxito". Cuando terminó la secundaria, a los diecisiete años, en su familia ya no eran afortunados porque a su padre lo habían echado de la fábrica. Las industrias estatales se desmantelaron por entonces y veinte millones de personas se quedaron sin trabajo.[2] Su madre sola no era capaz de ahorrar para la dote y la casa de los tres hermanos, de modo que Chen tuvo que ponerse a trabajar. Primero, como ayudante de cocina en un hotel fregando platos. Luego se alistó en el Ejército, hasta que un pariente que tenía una imprenta en Shaanxi, la provincia vecina, lo llamó y le ofreció un empleo. Se mudó allí unos meses, pero el pariente le pagaba muy poco con la excusa de que eran familia y Chen apenas podía ahorrar. No pasaba un solo día sin que su madre y su abuela llamaran para recordarle que tenía que encontrar una mujer. "Me decían: si no conoces a ninguna, te las presentamos nosotras. Aquí hay chicas que podrían servir", recuerda. Cansado de la presión, volvió al pueblo a buscar esposa.

Confiesa que nunca se planteó hacer otra cosa con su vida. Su misión era levantar una casa, casarse y concebir un hijo, a ser posible varón. Era lo que le habían enseñado, siguiendo la tradición confuciana, y además ya iba con retraso: tenía veinticuatro años y la mayoría de sus primos y amigos ya habían sentado cabeza.

Todo el romanticismo que los chinos le ponen a las películas se lo quitan a la vida real. Salvo contadas excepciones, el matrimonio se parece a un contrato por el que dos individuos juntan sus bienes y su fuerza de trabajo. Ellos lo llaman *guorizi*,[3] "pasar los días", estar juntos simplemente porque entre dos la vida se hace más llevadera. Sin florituras.

Chen conocía a Zhao Li desde la secundaria. Hablaban mucho en clase y se llevaban bien. Cuando sus padres empezaron a insistir con que encontrara mujer, se le ocurrió que podía ser ella. Se habían llamado algunas veces y la había llevado en moto durante el verano, atravesando los campos con el viento acariciándoles la cara. Eso era todo, pero, según él, bastaba.

"No me acuerdo de cómo le dije lo que sentía por ella". Se rasca la nuca con sus dedos morenos y escuálidos, intentando hacer memoria. "Ahora los adolescentes ven la televisión y en las series se enseñan esas cosas, pero entonces no teníamos cómo aprender. Creo que un día simplemente le dije que quería presentarle a mis padres. Se quedó callada un momento y luego dijo que sí. Eso formalizó la relación. Ya sabíamos que íbamos a casarnos".

Las familias respectivas no lo pusieron fácil. Como manda la tradición, se reunieron en casa de Zhao y se importunaron mutuamente con preguntas: ¿Cuántos hijos varones tiene usted? ¿Y cuántos tienen ya casa? ¿Y tierras? ¿Su hijo piensa aportar a la dote algún animal? ¿Seguro que su hija podrá quedarse embarazada pronto? ¿Hay alguna enfermedad en su familia? Incluso jugaron a varias bandas. "Mis padres me presentaron a otras dos chicas y la familia de Zhao Li hizo lo mismo porque desconfiaban de que yo pudiera construir la casa antes de la boda", dice Chen.

Al final llegaron a un acuerdo y fijaron un precio: antes de la boda Chen les dio a sus suegros 8.880[4] yuanes (1.400 dólares) de dote y un depósito de 20.000 yuanes (3.200 dólares) que le devolverían cuando hubiera construido una casa. Entretanto, la pareja viviría con los padres de él. "Odié a mis suegros por hacerme pagar tanto dinero de antemano", recuerda frunciendo el ceño. "Pero con el tiempo se han portado muy bien conmigo y entiendo que cada familia debe pensar en los suyos. Casarse es como cerrar un negocio, no puede hacerse de cualquier forma".

Fue una boda sonada en el pueblo. Los padres de Chen habían padecido durante largo tiempo las especulaciones de los vecinos sobre su hijo, que a los veinticuatro años nunca había tenido novia, y querían celebrar el enlace por todo lo alto. Todo se orquestó según la costumbre local. Desde el día anterior, la casa del novio se llenó de señoras que cocinaban y hombres que iban y venían con pollos, cerdos, sacos de arroz y verduras, cajas de petardos, cigarrillos y alcohol de arroz. Chen y sus primos alquilaron sesenta mesas redondas de ocho comensales y consiguieron encajarlas entre el salón y el huerto. Colgaron por todas partes el carácter chino típico de las bodas: "doble felicidad", 囍 (*shuangxi*), en papel rojo troquelado. Después fueron a buscar a la novia.

Una comitiva de diez coches repletos de amigos y primos del novio llegó a la casa de Zhao Li. Los padres les sirvieron fideos a todos. A continuación, relata Chen, empezó una especie de batalla ficticia entre los que habían ido a "secuestrar" a la novia, y los familiares de Zhao Li, que debían "protegerla" y evitar que saliera de casa. La misión del joven era llegar a donde estaba su futura esposa, pero antes tenía que pasar una serie de pruebas. Ahí estaba la gracia. Primero lo obligaron a hacerle reverencias a la familia política en señal de respeto.

"Las amigas de Zhao Li no paraban de gritar muertas de la risa: ¡Ahora inclínate ocho veces ante los hermanos de la madre! ¡Aho-

ra ante la prima mayor! ¡Otra vez, no te has agachado bien!",
cuenta Chen. Recuerda que se dejó las lumbares inclinándose ante
la abuela. "Antes de cruzar la última puerta para llegar al cuarto
de la novia me mandaron hacer treinta y seis reverencias seguidas", dice con una carcajada, frotándose los riñones. "Cuando por
fin pude sacar a Zhao Li de la habitación tuve que darle un sobre
rojo[5] con dinero a cada uno de sus primos y hermanos. De lo contrario, no nos habrían dejando meternos en el coche".

Juntos llegaron al banquete en la casa de Chen, que estuvo
abierta durante todo el día para que todos los del pueblo que quisieran entraran a saludar y brindar. Las mesas estaban cubiertas de
rojo, el color nupcial. Se sirvieron todos los platos simbólicos de la
ocasión: bollitos rellenos de raíz de loto, que simbolizan la fertili-
dad; patas de pollo, que se parecen a las del fénix (el animal mito-
lógico que representa a la mujer) y langosta, que simboliza al
hombre, porque en chino se llama "gamba dragón", y el dragón es
el animal masculino. No faltó pescado, que se pronuncia como
"abundancia", para expresar el deseo de que a la pareja no le falta-
ra nada. La madre de Chen y sus hermanas se pasaron la velada
entre los fogones y las mesas de los invitados. De cómo saliera la
boda dependía su reputación en el pueblo y sus perspectivas de casar al resto de sus hijos.

La noche de bodas no fue precisamente íntima. En la aldea era
costumbre que los amigos y familiares del novio fueran a molestar
a los recién casados, así que la primera vez que Chen y Zhao Li
durmieron juntos oficialmente, un grupo de invitados ebrios
irrumpió en su cuarto. "Estuvimos jugando a las cartas toda la noche. Por los nervios, yo no había comido nada en todo el día y al
menos con ellos pude llenar la barriga y beber a gusto", rememora.
Acabaron borrachos como cubas. Chen los acompañó a casa uno
por uno como manda la cortesía china y volvió a su casa tambaleándose. "Me tiré en la cama y noté cómo la presión de los últimos

meses se esfumaba. Recuerdo que le dije a Zhao Li: Por fin estamos casados. Ahora nos dejarán en paz".

Cuando le pregunto qué es lo que más le gusta de su mujer, piensa un rato y enciende otro cigarrillo. "Lo mejor es que se lleva bien con mi familia. Porque guapa no es". Es la sinceridad china: les cuesta horrores llevar abiertamente la contraria, pero les parece lo más natural del mundo decirle a alguien que tiene ojeras o que no coma tanto porque le está saliendo papada.

Estamos sentados en un banco frente los edificios donde trabaja. En el último piso, junto a las antenas parabólicas, cuatro caracteres luminosos dan nombre a la urbanización: Yang Guang Du Shi, la Ciudad del Sol. Siempre quiere que quedemos ahí porque no conoce otro lugar. En los tres años que lleva en Pekín, no ha ido a la Ciudad Prohibida, ni al Templo del Cielo, repletos de visitantes todos los días del año. Su perímetro de acción empieza en la garita en la que hace el turno de noche y llega hasta el cibercafé de la misma calle: incluye los bancos de enfrente, el supermercado de la esquina y un par de restaurantes. Aproximadamente dos manzanas en una municipalidad de seis mil millas cuadradas. Ese es su universo desde que llegó a la capital.

Una vez casados, Chen y Zhao Li se mudaron con los padres de él hasta que terminaron de construir su casa. Fueron meses muy felices, en los que fabricaron a mano muchos muebles que iban a llevarse a su nuevo hogar. Zhao Li abrió una tienda de cremas y cosméticos en el pueblo y Chen consiguió un trabajo de peón en el Proyecto de Trasvase de Agua del Sur al Norte de China.[6]

Pero el contador social había empezado a correr otra vez: "No sé cómo será en tu país", me dice, "pero aquí inmediatamente después de la boda toca traer un hijo al mundo para no provocar un drama familiar". En China, y de nuevo volvemos al legado de

Confucio, el individuo tiene ciertas obligaciones morales como cuidar y obedecer a sus mayores y asegurar la descendencia. Lo que a uno le apetezca hacer con su vida es irrelevante.

La pareja cumplió su tarea en menos de un año. Chen recuerda el momento al detalle: "Estaba trabajando y me llamó mi madre. Me dijo que Zhao Li estaba dando a luz y que la habían llevado al hospital. Le pedí al jefe que me dejara salir. Ni siquiera me cambié, cogí la moto vestido de uniforme y pisé el acelerador. El corazón me latía muy fuerte, muy fuerte". Es la primera vez que se altera al contar algo. Ya no susurra, es un padre emocionado. "Pensé en mi padre cuando le avisaron que yo había nacido. Él también tuvo que irse del trabajo, pero en bicicleta, pedaleando con todas sus fuerzas durante varias horas", explica cogiendo un manillar imaginario e imitando los esfuerzos de su progenitor.

Cuando Chen llegó al hospital, uno de esos centros médicos de la China rural donde se fuma hasta en el quirófano, Zhao Li todavía estaba dando a luz. Le costó varias horas. Mientras, él dio vueltas en círculo y se fumó todos los cigarrillos que llevaba. De repente, oyó un llanto que le recordó al maullido de un gato. La enfermera le trajo una criatura diminuta envuelta en una colcha, con la cabeza cubierta de pelo y restos de placenta. No fue varón, como habrían preferido los abuelos,[7] pero para Chen fue el día más feliz de su vida.

"La miré durante un rato. No sé explicar lo que sentí, pero era muy fuerte, me dolía la barriga y estaba muy contento", exclama. La llamó Ya Zhuo, "niña elegante".

Su mujer cerró la tienda para poder cuidar a la niña. Chen invirtió todos sus ahorros en un camión. Como transportista ganaría menos dinero, pero pasaría más tiempo en casa y de paso cultivaría hortalizas en la parcelita que tenían. Aguantaron así dos años, hasta que nació su segunda hija, Xianghan, que les hizo muy felices pero les desbarató las cuentas. Por las noches Zhao Li cosía zapatillas de tela, pero el dinero seguía sin ser suficiente. La familia empezó a presionar a Chen para que buscara otro trabajo fuera del pueblo. "Mis suegros y mis padres me repetían constantemente: vete a Pekín, vete a Pekín, será lo mejor".

"¿No les daba tristeza que te marcharas tan lejos, sabiendo que como mucho volverías una vez al año?", pregunto.

"¿Tristeza? Para nada, eso era lo que querían", responde como si fuera lo más normal del mundo. Después de todo, en Henan uno de cada cinco habitantes emigra. Y repite una frase que parece el mantra de los emigrantes chinos: "En el pueblo no había nada que hacer".

Se marchó una mañana de febrero. No dejó que Zhao Li lo acompañara a la estación para no ponerse más triste. Abrazó a sus hijas, que todavía dormían y, con una maleta de plástico en la que había embutido toda su ropa, salió de casa.

El trayecto en tren hasta Pekín duró doce horas. Chen lo recuerda como si no hubiera pasado el tiempo. No quería gastar ni un yuan más de lo necesario, así que compró el pasaje más barato, en asiento de madera. Los pasillos estaban atestados de gente charlando, durmiendo, comiendo pipas y fumando sin parar. En los trenes chinos siempre hay *overbooking*: para asegurarse un sitio hay que comprar un pasaje en litera -blanda o dura, depende del precio. Los asientos se van llenando a medida que llega la gente, pero en las estaciones no dejan de vender pasajes. No es raro ver pasajeros entrando por las ventanas cuando parece que ya no cabe nadie más.

Chen se acomodó entre un hombre orondo que dormía con la barriga al aire y una madre que pelaba mandarinas para su prole y tiraba las cáscaras al suelo. "Traté de visualizar lo que haría al llegar para no perderme", dice. Nunca había estado en una ciudad tan grande. El sitio más lejano al que había ido era Xi'an, una de las antiguas capitales de China,[8] veinte veces más pequeña que Pekín.

El tren traqueteaba mientras se hacía de noche. Los campos ocres se iban apagando. "No me olvidaré nunca del olor. Una mujer gorda recorría el pasillo de arriba a abajo con un carrito de comida. Vendía leche de soja y *mantou*.[9] Al llegar al final de mi vagón destapó las bandejas redondas de bambú. El ambiente se llenó de vapor y el que iba a mi lado se despertó", recuerda Chen. Con el aroma de los bollos se le hizo la boca agua, pero eran demasiado caros. Como la mayoría de pasajeros, Chen traía su propio paquete de fideos instantáneos. Les echó agua hirviendo y se sentó a engullirlos en cuclillas con los demás

La única referencia que tenía para buscar empleo era un anuncio que había encontrado hacía unos días en la prensa local. La empresa de trabajo temporal Xilu ofrecía puestos de conductor, vigilante, oficinista y encargado de almacén. Un trabajo seguro, rezaba la publicidad. A Chen le inspiró toda la confianza del mundo porque en la foto salía Jackie Chan. El actor, empresario y filántropo hongkonés es una auténtica estrella en China, y ha protagonizado desde películas de artes marciales en Hong Kong a campañas antipiratería en Pekín. Es un personaje controvertido,[10] pero para Chen encarnaba el ideal del hombre hecho a sí mismo.

Al amanecer, el tren llegó a la Estación del Oeste de Pekín, hasta hace unos años la más grande de Asia.[11] Allí llegan a diario miles de emigrantes del campo con ganas de comerse el mundo. Las mafias los esperan con los dientes afilados porque son presa fácil. Los abordan al bajar del tren y les prometen trabajo a cambio de una comisión. Entusiasmados, los viajeros pagan buena parte de sus ahorros confiando en recuperarlos cuando empiecen a trabajar, pero para cuando se dan cuenta los timadores han desaparecido. Otros ladrones ponen anuncios falsos en los periódicos locales y reclutan a los emigrantes en sus pueblos. Al llegar a la ciudad les proporcionan un trabajo, sin decirles que nunca les pagarán. Cuando los incautos descubren la trampa, han trabajado un mes dejándose la piel, no tienen dinero para volver y tampoco se atreven a pedir ayuda a su familia por miedo a convertirse en los hazmerreír del pueblo. Muchos vagan por la estación, pidiendo dinero para el pasaje de vuelta. Algunos, desesperados, se suicidan.

Chen tuvo suerte. Rechazó las ofertas de alojamiento barato y empleo que le hicieron nada más llegar. Con su anuncio de Jackie Chan en el bolsillo, cogió un metro y luego un bus para llegar a Xilu. Allí se le abriría el horizonte, según prometía el actor.

En la empresa le pintaron la cosa muy distinta. Solo necesitaban transportistas, y tenían que conocer bien la ciudad. Naturalmente, no pasó la prueba. Los empleados lo vieron tan decepcionado que le dieron la dirección de un polígono industrial en las afueras donde podían necesitar mozos de carga o vigilantes. "Fui hasta allá, pero el alojamiento y la comida no estaban incluidos y el salario era tan malo que no valía la pena porque casi no iba a poder mandar dinero a casa. Así que cogí otra vez el metro al centro". Preguntó en decenas de restaurantes si necesitaban personal. Hasta que se puso el sol y comprobó que en Pekín hacía mucho más frío que en su pueblo.

Decidió buscar un cibercafé para conectarse a Internet y llamar a su familia. Al pasar por una urbanización, escuchó a los vigilantes que bromeaban en la garita. "Por el acento supe que no eran de Pekín y les pregunté cómo habían hecho para trabajar ahí", explica. Justamente la empresa estaba reclutando personal. "Cuando me dijeron que el techo y la comida iban incluidos, ni me lo pensé". Esa noche empezó a trabajar. Y a dormir bajo tierra.

Poco a poco fue acostumbrándose a su hogar subterráneo. Era como volver al ejército: chistes sobre mujeres, olor constante a pies y compañerismo para sobrellevar la soledad. La falta de intimidad no le molestaba: desde pequeño había dormido con sus padres, sus hermanos y su abuela en la misma habitación. "Lo único que me costó fue que el aire no se renovara nunca. Era tan denso que cuando llegué muchas noches no podía dormir".

Los turnos, no obstante, son mucho menos duros que en las fábricas. Se lo han contado amigos que, en vez de emigrar a la capital, buscaron trabajo en las industrias de Shenzhen, en la costa sureste. Allá la mayor parte del salario se gana haciendo horas extra, en jornadas que suelen extenderse hasta la madrugada. En verano, cuando se preparan los pedidos de Navidad para Occidente, el ritmo es de locos: algunas semanas, sus amigos solo descansan cuatro o cinco horas al día, lo imprescindible para no quedarse dormidos delante de las máquinas. En la urbanización de Chen se trabaja como máximo doce horas diarias, seis días a la semana. Lo peor, explica el joven, son los turnos a la intemperie en las noches de invierno, cuando el termómetro se desploma hasta los 5 grados Fahrenheit. Encogidos, con la gorra de paño azul marino bien encasquetada, a los vigilantes se les duermen las manos sujetando el *walkie-talkie* y el termo de té.

En China es muy habitual comer y cenar fuera, en los restaurantes del barrio (durante el maoísmo las cocinas eran comunes y mucha gente solo tiene un hornillo en casa). Chen prefiere no gastar dinero y come en el comedor subterráneo. Alguna vez me llevó y nos pusimos en fila con el cuenco y los palillos mientras dos señoras regordetas servían el rancho de enormes cubetas de plástico. Para desayunar había té y *zhou*, unas gachas de arroz que gustan mucho en el norte. En la comida y la cena el menú solía ser arroz blanco, tallarines en sopa aguada, verdura sofrita con ajo, algo de pollo y, excepcionalmente, un guiso con tripas de ternera. Ambos coincidimos en que casi todo sabía igual.

Chen aprovecha las comidas y la hora de lavar la ropa para relacionarse con sus vecinos. En la misma mesa pueden sentarse una limpiadora, un electricista o los fontaneros que reparan las cañerías. "Las dos primeras preguntas son: ¿de dónde eres? y ¿hace cuánto te marchaste de tu pueblo?", cuenta Chen. Las chicas de la peluquería del edificio 3 son las únicas que comen aparte, sin hablar con nadie. "Dice la gente que hacen algo más que masajes", susurra poniéndose colorado.

Le dan un día libre a la semana y aprovecha para lavar, comprar algo para picar en la habitación y jugar al computador. Gracias a los trabajadores migrantes, el cibercafé del barrio está siempre lleno. Por unos cuantos yuanes, Chen se pasa horas enganchado a *Meng San Guo* (Sueño de los tres antiguos reinos), un juego de batallas basado en una de las novelas clave de la literatura china, *El romance de los tres reinos*. Por el mismo dinero podría coger el bus y recorrer la ciudad, ir al parque, comerse una brocheta de carne y una cerveza en alguna terraza del barrio, pero dice que no le dan ganas: delante de la pantalla le parece que el tiempo pasa más rápido.

La época más feliz para los emigrantes chinos es el Año Nuevo lunar. Cae entre enero y febrero[12] y equivale a la Navidad occidental: las familias se juntan, comen lo mejor que pueden y se dan regalos. Para los *mingong*, es la única semana del año con sus seres queridos y cruzan el país en lo que se considera la mayor migración anual del mundo.[13] Las estaciones se colapsan, los pasajes se agotan y los revendedores hacen el negocio del año.

A veces los emigrantes no pueden volver a casa porque no tienen vacaciones o no han conseguido juntar suficiente dinero. A Chen le pasó el primer año. Por entonces cobraba 900 yuanes al mes (140 dólares) y no tenía prácticamente nada ahorrado. Mientras decoraba la urbanización con guirnaldas y farolillos de papel sintió una punzada de congoja, pero enseguida se le pasó. Entre varios compañeros juntaron algunos yuanes para comprar petardos, el ritual de año nuevo que más disfrutan los chinos. Pasaron horas encendiendo mechas y oyendo los estallidos de las tracas hasta que les retumbaron las sienes. "Bebimos mucho licor de arroz y acabamos abrazados como camaradas, cantando canciones revolucionarias", recuerda. La acera quedó cubierta de cartuchos rojos y restos de pólvora, la alfombra de las calles chinas en Año Nuevo.

"Solo hubo un momento duro, cuando llamé a casa y me pasaron a Ya Zhuo", dice muy serio. Su hija mayor ya sabía preguntarle dónde estaba y cuándo iba a volver.

Han pasado más de dos años desde que llegó a Pekín y Chen ya es hoy un veterano. Gana 2.500 yuanes, casi el triple que cuando empezó: le han subido el sueldo dos veces, a raíz de las huelgas de los trabajadores migrantes en diferentes provincias.[14] Sigue enviando el sueldo a casa, pero ya se compra un refresco de vez en cuando. Desde la manzana de edificios que compone su universo ha visto algunos cambios. "Hay muchos más vehículos y los precios de los apartamentos están por las nubes". Los vecinos de Ciudad del Sol, sus únicos referentes en Pekín aparte de sus compañeros del subsuelo, conducen más vehículos todoterreno que antes. Los agentes inmobiliarios que trabajan en el barrio le cuentan que los apartamentos valen el doble que hace cinco años.

Vivir en Pekín, o mejor dicho en la zona que conoce, no le disgusta. Lo que más le cuesta es que sus hijas ya apenas lo reconozcan. "Me ven una vez al año. Las primeras vacaciones que volví la pequeña no sabía ni quién era. Es normal porque me fui cuando tenía apenas dos meses, pero cuando la cogí en brazos no paró de llorar hasta que se la di a mi mujer. No sabes cómo duele eso", musita. En su teléfono móvil guarda un vídeo de Ya Zhuo, la mayor, que grabó pocos días antes de marcharse. La niña acababa de aprender a andar y hablaba por los codos. Chen oprime el botón de reproducción y sonríe: lo ha visto más de mil veces pero todavía se le escurren las babas. Ya Zhuo lleva una falda de volantes azul, una chaqueta rosa y flores en las coletas. En la mano sostiene una cinta como las de las gimnastas de rítmica y la agita, arriba y abajo, porque no sabe girar la muñeca. Se ríe mucho. El vídeo es de tan mala calidad que no se le ve bien la cara y dura apenas treinta segundos, pero para Chen es su bien más preciado. Confiesa que alguna vez ha llorado viéndolo.

Unos meses después de que empezara a contarme su historia, Chen me llamó para decirme que su mujer, Zhao Li, acababa de llegar a Pekín y había encontrado trabajo como cajera en el supermercado del barrio. Las niñas ya eran lo suficientemente mayores para quedarse con su abuela y trabajando los dos ahorrarían más. Ni se plantearon alquilar un piso en la superficie. Como tantas parejas, se mudaron a un cuartito en el búnker de la Ciudad del Sol.

Ahora son los dos ratas. Su nuevo hogar tiene ochenta y seis pies cuadrados, una cama que también utilizan como sofá y una mesita donde han colocado la foto de sus hijas. Chen puede comer en la cantina porque trabaja en la urbanización, pero Zhao Li no, así que cuando llega del supermercado se prepara algo frío en el cuarto, o compra fideos instantáneos y les echa agua hirviendo en el baño. Los días que no trabaja juega a las cartas por Internet y habla con sus hijas. "Llora mucho cuando las ve por la cámara", suspira Chen.

Es el gran drama de la pareja: asumir que las niñas crecerán con sus abuelos mientras ellos trabajen en Pekín. Sin el permiso de residencia,[15] no tienen derecho a estudiar en la capital. Solo podrían llevarlas a una escuela para hijos de emigrantes, que a menudo son clandestinas, con instalaciones paupérrimas y una enseñanza mucho peor, o hacer una donación a un colegio público - literalmente, darle un sobre a la dirección- y pagar unas tasas de matrícula mucho más altas. Es la estrategia de las escuelas: como no quieren niños del campo que "ensucien" su reputación, filtran cobrando.

Los hijos de emigrantes tienen tan pocas alternativas en la ciudad que sus padres se ven obligados a dejarlos en el pueblo. Así se convierten en los *nóngcūn liúshŏu értóng* (农村留守儿童), "los niños que se quedan atrás". Los sociólogos lo consideran un auténtico problema nacional: hay cincuenta y ocho millones de niños creciendo sin sus padres,[16] y esto tendrá un costo muy alto para la sociedad. En algunas zonas de Sichuán, Henan o Anhui, todas provincias pobres donde la emigración es muy alta, ocho de cada diez menores ven a sus progenitores una sola vez al año.[17] Crecen como flores salvajes, sin padres que los apoyen, al cuidado de abuelos u otros parientes. Se sienten abandonados y algunos desarrollan ansiedad, problemas de autoestima, miedos y depresión. Al no estar vigilados, algunos han sido víctimas de violaciones por parte de sus vecinos.

En 2007, varios medios chinos publicaron las cartas que unos niños les habían escrito a sus padres, trabajadores emigrantes. Una de ellas decía:

"Estaba jugando en la carretera y vi a mi madre andando hacia la parada del bus. Se iba. Empezó a andar más rápido para que no me diera cuenta, pero yo la vi. Corrí hacia ella y le cogí la mano muy fuerte. Mi abuela nos separó para que pudiera subir al bus. Me solté y me agarré a la ropa de mi madre, pero entonces mi tío nos separó. Empecé a dar patadas, pero cuando me soltó mi tío el bus ya había arrancado. Solo pensaba en traer de vuelta a mi madre, pero el bus se fue haciendo cada vez más pequeño y al final desapareció. Me tiré en la carretera y lloré y lloré. El cielo estaba gris, como si yo le diera lástima. Estaba tan enfadado que vi una rana saltando por el camino y le di una patada".

Chen y Zhao Li se preguntan cada día si haber dejado a las niñas atrás les traerá problemas. Si quieren ahorrar, no tienen más remedio que quedarse un tiempo en Pekín, aunque a medio plazo su plan es volver al pueblo y montar un negocio, aún no han decidido de qué. Lo único que tienen claro es que Pekín no les gusta. "Aquí la gente nos mira por encima del hombro. En el metro se apartan como si oliéramos mal", se queja Chen. Ha padecido demasiadas veces el clasismo de la sociedad china. La misma gente que contrata a los *mingong* para que les arreglen la luz o les cuiden a los hijos, habla de ellos con desprecio. Un estudio de la Academia China de Ciencias Sociales de 2010 señala que, en el país, uno de cada tres delitos los comete un trabajador migrante nacido después de 1980 (son unos cien millones de personas). Lo revelador del estudio es que apunta a la "exclusión social, las injusticias económicas[18] y políticas, el choque cultural y la falta de seguridad social" que padecen los emigrantes como causa de esas conductas delictivas, más que el bajo nivel educativo o la pobreza.

La realidad es que sin el *hukou* o permiso de residencia Chen nunca va a poder defender sus derechos en Pekín. Sabe que vivirá desprotegido, sin poder tomar vacaciones o faltar al trabajo por enfermedad. Además, la vida es cada vez más cara y empieza a plantearse si le compensa estar tan lejos de casa. Muchos emigrantes de su edad viven el mismo proceso: sus padres pasaron mil penalidades en las ciudades porque la única alternativa era volver al campo asolado por la hambruna, pero ellos viven conectados a Internet y saben lo que cobran los obreros en la otra punta del país. Chen no se plantea qué puede pasar si el Gobierno legaliza los sindicatos o elimina las barreras legales para emigrar. Sí tiene claro que irá donde más le paguen. La política del hijo único se nota en que hay menos mano de obra disponible y algunas fábricas están ofreciendo condiciones mucho mejores para atraer a los emigrantes.

La pareja vive al día. Y tiene un plan: en cuanto ahorren, volverán al pueblo. "Esto no es para nosotros", me dice Chen, señalando los rascacielos que custodia durante doce horas diarias.

7

❧

China 2.0

Se declara adicta a la información, pero no lee periódicos ni ve la televisión porque le aburren. Para Ma Chengcheng, de veinticuatro años, los medios oficiales chinos solo ofrecen propaganda soporífera. Prefiere Internet. Lo primero que hace cuando suena el despertador, cada mañana a las seis, es coger sus gafas y su portátil de la mesita. Saluda a sus 455 amigos sin levantarse de la cama:

"Buenos días, ¡ya estoy aquí!", escribe en su perfil de Weibo, el Twitter chino.

En su mundo virtual, la primera media hora del día es la más intensa. Consulta el tiempo que hace en Pekín, y lo comenta; repasa sus blogs favoritos y decide qué se va a poner gracias a una aplicación para conjuntar ropa y complementos que descargó de Internet.

Tarda casi una hora en bus en llegar a la oficina, y aprovecha para navegar por la Web con su teléfono. Siempre sigue la misma rutina: actualiza su estado en Weibo y en Ren Ren, una de las múltiples copias locales de Facebook. Luego fisgonea en las vidas de sus famosos favoritos: la actriz Yao Chen, la más popular de Weibo, con casi diecisiete millones de seguidores, y He Jiong, un presentador a quien siguen doce millones de fans. Las redes sociales pagan cifras astronómicas a las estrellas para que tengan un perfil oficial en sus páginas porque saben que arrasan entre los jóvenes.

El tiempo restante lo emplea en mirar ropa en Taobao, la página que ha revolucionado el comercio electrónico en China. Inspirada en eBay, nació en 2003, tiene trescientos setenta millones de usuarios registrados y es una de las veinte páginas más visitadas del mundo.[1] Hay un antes y un después de Taobao: en su catálogo uno puede encontrar desde vinilos descatalogados hasta una máquina para hacer leche de soja (bastante popular, por cierto). Los clientes habituales saben que hay que rebuscar para comprar bien: los artículos originales aparecen mezclados con las imitaciones (se sobreentiende cuáles son las copias porque cuestan la décima parte). Por mucho que la empresa insista en que no permite falsificaciones, Estados Unidos la colocó en su lista negra de piratería.

A Ma le fascina Taobao, como demuestra su interminable historial de compra. En los últimos dos meses, se ha gastado más de 5.000 yuanes (787 dólares) en unos zapatos copiados de Ferragamo, una carcasa para su móvil, un tónico facial japonés, una maleta con ruedas, una chaqueta, dos vestidos y un cojín ergonómico con forma de koala. Todo lo pagó con la tarjeta de su madre: ella es becaria y, de momento, trabaja gratis.

China es la mayor comunidad de internautas del mundo: nada menos que 513 millones de personas.[2] Las cifras aumentan cada mes y el potencial es inmenso, pues solo el 40% de la población tiene acceso a Internet. La manera de informarse y divertirse ha cambiado por completo para ellos y de hecho son los internautas que más horas se conectan al día en el mundo.[3] Internet los ha

117

acercado al resto del planeta y a sus propios compatriotas: hace unos años, un vecino de Harbin, en el norte del país, no tenía manera de seguir en tiempo real qué pasaba en el sur, salvo a través de los medios controlados por el Gobierno. Ahora sí, gracias a Weibo.

Weibo es la prueba de que algunas copias chinas terminan siendo mejores que el original occidental. Nació como un calco de Twitter, pero es mucho más versátil. Para Ma, es la mezcla perfecta de Twitter y Facebook, entre otras cosas porque permite compartir fotos y video sin tener que abandonar la página de inicio. A la joven le parece que las mejores webs chinas están más centradas en la experiencia multimedia. En cuanto a texto, está claro que juegan con ventaja: un mensaje en Weibo puede tener un máximo de ciento cuarenta caracteres, pero en ideogramas chinos eso basta para contar una historia. Para los internautas, el año 2011 pasará a la historia como el Año Weibo: la plataforma triplicó su número de usuarios hasta llegar a los doscientos cincuenta millones.[4]

Los chinos usan Internet en función de su poder adquisitivo. No busca lo mismo un obrero de Cantón que un consultor de Shanghái, empezando porque el primero es probable que no tenga computador. Si aún no ha formado una familia, invertirá uno o dos sueldos en comprarse un teléfono de última generación. No falla: un albañil de la zona industrial más recóndita puede llegar a dormir hacinado con veinte compañeros en un barracón al pie de una obra, pero tiene teléfono con reproductor de música y video.[5] Es la única fuente de entretenimiento para los que han dejado a los suyos a miles de millas y trabajan de sol a sol: les sirve para escuchar música, comunicarse, jugar y ver páginas porno.

Prácticamente todos los chinos que navegan por Internet tienen una cuenta de QQ, el primer servicio de mensajes instantáneos que hubo en el país. Su mascota es un pingüino con una bufanda roja. Los migrantes usan QQ cuando van a un cibercafé, su lugar de ocio preferido. Los *wangba* (网吧), o bares con Internet, son fundamentales para ellos porque nunca cierran, tienen baño, calefacción en invierno y aire acondicionado en verano. Los trabajadores acuden a jugar, solos o en red, o a echarse una siesta bien resguardados. Si no tienen con quién dejar a sus niños, llegan a usar los cibercafés como guardería. Se van a trabajar y saben que a la vuelta los encontrarán allí.[6]

Una persona de clase media, pongámosle un profesor o un oficinista, con un sueldo mensual entre 4.500 y 6.000 yuanes (714–950 dólares), tiene su propio portátil. Llevará años usando QQ y probablemente esté registrado en varias redes sociales a la vez. Para descargar música y libros, puede acudir al buscador estrella, Baidu, o a decenas de portales que le brindan un servicio similar. En páginas como Tudou o Youku, tiene acceso gratuito a miles de series y películas. A su correo llegan ofertas de restaurantes y actividades de ocio, y para informarse cuenta con millones de blogs y microblogs al alcance del ratón. Apenas navega por páginas occidentales como Google, Youtube o Facebook, pero no solo a causa de la censura, sino por una cuestión estética y cultural. Muchos chinos sienten que los portales occidentales no se adaptan a sus necesidades.

Sus compatriotas con mucho dinero están en un mundo aparte. Son una minoría que vive rodeada de lujo y que ha abrazado como una religión ciertos productos occidentales. Para ellos han surgido foros y redes sociales VIP, como p1cn.com, y páginas de venta restringida a socios. A los ricos, usar QQ les parece poco sofisticado.

Las empresas compiten por una tarta que crece sin parar. Se han centrado sobre todo en los dos extremos: la clase alta y los migrantes. En 2011, Tencent, la creadora de QQ, lanzó Weixin, una aplicación para enviar mensajes instantáneos gratis, con la idea de conquistar a los profesionales liberales de las ciudades. Para usarla es necesario tener una cuenta en QQ. A Ma Chengcheng le encanta Weixin. Lo mejor, explica, es una opción que se llama "mensaje en una botella". Consiste en escribir un mensaje sobre cualquier tema y lanzarlo al ciberespacio, esperando que un desconocido responda. La joven reconoce que todo el mundo lo usa para coquetear.

Ma responde al perfil de los privilegiados: clase media alta, residente en las ciudades, consumista y mayoritariamente apolítica, que no concibe un día sin computador y cuyos gustos cambian a toda velocidad. Sus padres costearon sus estudios y no necesitan que les envíe dinero. De hecho, la mantienen. Con veinticuatro años, no ha conseguido trabajo y tiene que conformarse con hacer prácticas sin cobrar para ganar experiencia.

Nos presentó una amiga común que la definió en broma como una "fanática de Internet". La primera vez que nos vimos a solas, Ma estaba apoyada en una valla a la salida del metro de Qianmen, en el viejo Pekín. Era la hora de cierre de muchas oficinas y la estación era un hormiguero del que entraban y salían cientos de personas. Pese a su estatura (apenas sobrepasa cinco pies de altura), destacaba por su estilo, entre occidental moderno y japonés: blazer, falda azul marino con lunares blancos, blusa amarilla y zapatos color cereza a juego con el bolso. "Mis amigos dicen que soy la más *ku*",[7] me dijo guiñándome un ojo a través de sus enormes gafas de pasta redondas.

Qianmen es el barrio más antiguo de Pekín. Durante la dinastía Qing, en sus pensiones se alojaban quienes venían a la capital a hacer el examen para ser funcionarios. Era un distrito canalla, de aves nocturnas e intelectuales, famoso por sus teatros, óperas y burdeles. Prácticamente ha desaparecido todo. La calle principal es un escaparate para turistas, con pórticos de cartón piedra. Para muchos se cometió un sacrilegio, pero a los jóvenes como Ma les fascina porque hay tiendas occidentales. Pregunté dónde quería ir y respondió automáticamente que a *Sim Ba Ke*, el nombre chino de Starbucks. "Me encanta el *caramel macchiato*", pronunció el nombre en inglés, apoyándose en la *r* de *caramel*. Uno de sus grandes placeres es ir a un café occidental y pagar 40 yuanes por una bebida (más de seis dólares, lo que cobra en Pekín una limpiadora por dos horas de trabajo) mientras el mismo disco suena una y otra vez.

Mientras pedíamos, recibió un mensaje de texto. "Perdona, es mi madre. Aprendió a escribir mensajes y no deja de preguntarme cosas. Quiere saber dónde estoy", se disculpó. "Ahora hablo mucho más con ella que cuando vivía en casa". Con el teléfono, se sacó una foto sorbiendo el café y se la envió.

Ma llegó a Pekín hace un año. Su familia vive en Zhengzhou, la capital de Henan, una de las provincias rurales más pobres. Sin embargo, Zhengzhou es una ciudad de casi nueve millones de habitantes que crece a ritmo fulgurante. A los padres de Ma, que tenían buenos contactos en el gobierno local, les arregló la vida la apertura económica de 1978. Montaron una inmobiliaria, uno de los sectores que más dinero ha generado en los últimos años. Pagaron la multa al Estado por tener dos hijas en vez de una, como manda la ley. En el año 2000, cuando poquísimas familias en China podían permitírselo, compraron un computador. "A unos amigos les habían regalado uno y yo le pedí uno a mi padre. Dijo que sí porque pensó que podía servirme en los estudios".

Cada noche después de hacer las tareas, Ma se sentaba frente a la pantalla de su IBM, un mastodonte que ocupaba la mitad de su escritorio, y se entregaba a su pasión: vestir y desvestir muñecas. "Era un juego japonés estilo manga. Tenías que elegir el conjunto más bonito e ir combinando las faldas, las medias y los sombreros. Ahora me parece una tontería, pero en esa época me encantaba".

Le pregunto si le sigue gustando la ropa porque va muy arreglada. Se sonroja. "Es que soy del Club 155. Así nos llamamos en Internet las chicas que medimos uno cincuenta y cinco.[8] Nos gusta vestirnos un poco como muñecas. Algo parecido al estilo de las coreanas y las japonesas", responde. Nunca ha estado en Japón ni en Corea, y todas sus referencias a la moda y costumbres de esos países provienen de Internet. En la secundaria descubrió que no solo servía para jugar, sino también para expresarse y conocer el mundo.

Por entonces la última moda eran los foros, que en China se llaman BBS, por las siglas en inglés *Bulletin Board Sites*.[9] Cuando Ma entró en la secundaria, los estudiantes los usaban para intercambiar archivos y opiniones. Su clase, que editaba el periódico escolar, abrió un BBS para debatir con el resto de alumnos y recibir sus sugerencias. Poco a poco fueron tejiendo una red de estudiantes. "Cada uno tenía su cuenta y escribíamos lo que nos parecía. También compartíamos secretos y criticábamos a los profesores que nos caían mal".

El foro tuvo gran éxito hasta el último año de secundaria, cuando cayó en el olvido porque los alumnos no tenían ni un minuto libre para escribir. Su única ocupación era prepararse para el temido *gaokao*, el examen de entrada a la universidad.

Para entender por qué tantos jóvenes chinos se enganchan a Internet, hay que tener en cuenta la inmensa presión que soportan antes de entrar a la universidad. Desde niños los aterrorizan con el *gaokao*. Como la competencia es despiadada,[10] los padres viven obsesionados con que sus retoños sobresalgan. Están convencidos de que si sacan una buena nota, irán a una universidad prestigiosa y conseguirán después un buen trabajo. Para embellecer su currículo los apuntan a todo tipo de clases extraescolares: caligrafía, olimpiadas matemáticas, oratoria, flauta... El último año, vuelven de la escuela a las nueve o diez de la noche, incluidos los sábados. Apenas les quedan un par de horas el domingo por la tarde para ir a la piscina o dar un paseo. Tienen terminantemente prohibido mantener relaciones amorosas o dedicarse a cualquier cosa al margen del estudio.

El problema es que todos estos sacrificios pueden desembocar en frustración. En 2011 casi siete millones de jóvenes se graduaron de la universidad y cada vez les cuesta más encontrar trabajo. Según algunos medios chinos, el desempleo juvenil ronda el 10% y entre los recién graduados se dispara hasta el 30%.[11] Estudiar en las mejores universidades facilita las cosas, pero éstas solo aceptan a los mejores estudiantes de cada provincia y siempre tienen preferencia por los de Pekín o Shanghái.[12]

Años después de haber terminado la carrera, la mayoría de los jóvenes aún recuerdan el estrés del *gaokao* y siguen teniendo pesadillas en las que se quedan en blanco o no llegan al examen por un embotellamiento. Ma asegura que el año que pasó preparando el examen fue miserable. Se aplicó a fondo con el piano, aunque lo detestaba. Cada día iba a un *buxiban*, un curso de refuerzo, de matemáticas e inglés, pero solo le sirvió para ganar dioptrías: no obtuvo los puntos necesarios para estudiar en Pekín. Juró que no volvería a esforzarse así jamás.

Con la cabeza baja y un enorme sentimiento de culpa, entró a la universidad de Zhengzhou. Le habría gustado estudiar moda, pero no quiso decepcionar más a sus padres y se matriculó en Economía y Comercio Internacional. Lo único que les pidió fue mudarse al campus. Renunció felizmente a su propio cuarto para compartir cien pies cuadrados con tres chicas: Qian Jing, de Jiangsu; Feng Li Lei, de Shandong, y Xin Xiang, de Henan.

Se hicieron inseparables. Venían de lugares muy distintos, pero compartían una aversión profunda a memorizar lecciones y cumplir reglas. Qian Jing era la única que sabía qué era vivir fuera de casa porque había estado interna en el instituto; las demás estaban eufóricas de tener su propio territorio. Lo de menos era estudiar. El primer año, es habitual que los nuevos no pisen demasiado las aulas.

De la noche a la mañana, las cuatro amigas se atrincheraron en su nuevo hogar, que comprendía cuatro camas, cuatro pupitres y cuatro computadores encendidos las 24 horas. Lo hacían todo juntas: se levantaban a las seis y salían al patio a hacer los ejercicios obligatorios de la mañana bajo los altavoces. Luego se duchaban en los baños colectivos y volvían al cuarto hasta el día siguiente. Ni siquiera bajaban al comedor: en un puesto del campus compraban fruta, brochetas de pollo y panecillos de sésamo para llevar. Dejaban los computadores conectados a Internet toda la noche para descargar series y verlas al día siguiente. Sin moverse de la cama, descubrían cómo era la gente de su edad en Estados Unidos, Corea del Sur y Japón; vivían historias de amor apasionadas y lloraban desgracias ajenas. "No salíamos de la habitación. El resto de la gente nos caía mal y el campus estaba a las afueras, así que no había nada que hacer. Veníamos del colegio, donde los profesores te controlan todo el tiempo. Por primera vez experimenté la libertad".

El sistema educativo es uno de los temas recurrentes de debate en los medios chinos. "Los estudiantes están sobrecargados". "Solo aprenden a memorizar y no son creativos". "Se centran tanto en estudiar que no ven nada más, son inmaduros e incapaces de relacionarse y resolver problemas". Profesores y psicólogos repiten estas frases hasta la saciedad. En su opinión, los padres se vuelcan tanto en la preparación académica de sus hijos que descuidan el apoyo emocional. Los de Ma, según cuenta, se implicaron más bien poco en su educación sentimental y sexual. Por suerte para ella, existía Internet.

Aprendió lo básico gracias a las *wangluo xiaoshuo*, unas novelas por entregas que se hicieron muy populares en la década del 2000. Eran la única plataforma de los escritores jóvenes o de los que no conseguían pasar la censura. Todos firmaban con pseudónimo, pero tenían millones de seguidores. Publicaban folletines históricos, de ciencia-ficción, dramas, comedias románticas y (un género que tenía especial éxito) historias eróticas que el Gobierno jamás habría permitido imprimir. Ma se aficionó a los dramas homosexuales. "No me atraen las mujeres, pero me suscitaba mucha curiosidad el amor entre gente del mismo sexo. Eran las historias que más leía, la verdad, porque sabía que nunca podría comprarlas en las librerías", confiesa riéndose. Al hablar tiene un tic: se coge un mechón de pelo entre dos dedos y tira de él hacia abajo, solo un poco, como si por un instante quisiera demostrar que no lleva peluca.

En ese primer año de carrera hizo muchos amigos virtuales a los que nunca veía en persona. Solamente se encontraban en Internet. Las redes sociales que imitaban a Facebook, como Kaixin y Ren Ren, eran lo más *huo* (popular) entre los estudiantes. "Mis compañeras y yo enviábamos mensajes durante horas, sin hablar, cada una con su portátil. Hasta nos encantaba hablar así entre nosotras", recuerda. "El chat da más privacidad que un foro. Es más fácil que hablar porque puedes ser tú mismo y no te da vergüenza. Escribir produce otras sensaciones y al ser inmediato resulta mucho más divertido. En vez de comunicarnos cara a cara, lo hacíamos espalda contra espalda", se ríe.

Usa Internet de forma civilizada. Aléjate de los cibercafés. Dejar atrás la adicción a Internet empieza por uno mismo".

Este mensaje de propaganda se encuentra en muchas escuelas chinas, en caracteres blancos sobre una pancarta roja. El espacio de libertad sin precedentes que ofrece la Web supone un desafío continuo para el Gobierno. En el país, se producen cada año unas noventa mil manifestaciones[13] por motivos que van desde la corrupción hasta los vertidos tóxicos. Hasta que surgieron los microblogs, las autoridades podían controlarlas porque eran aisladas. Pero, ¿qué pasa cuando se pueden convocar protestas en un foro o sumarse a ellas a través de Weibo?

Pekín no se ha cruzado de brazos. En 1996, un año después de permitir el uso comercial de Internet, empezó a censurarlo. Dictó más de sesenta leyes que le permitían supervisar y discriminar la información. En 2003, unificó el control en un proyecto que se conoce popularmente como la Segunda Gran Muralla china o el Gran Cortafuegos. Se trata de un pulpo con diversos tentáculos. En primer lugar, borra una serie de términos prohibidos en los buscadores locales, como Baidu o Sohu. La lista de palabras proscritas es larga, y entre ellas figuran: "dictadura", "reeducación por el trabajo", "independencia de Tíbet", "independencia de Xinjiang", "Falun Gong" y los nombres de los disidentes más conocidos. Un correo electrónico que contiene alguno de estos términos rara vez llega a su destinatario. El Gran Cortafuegos altera los resultados de determinadas búsquedas: si uno intenta obtener información sobre Tiananmen, solo encuentra fotos de turistas en la plaza, y en ningún caso imágenes de la matanza de 1989.[14]

Tampoco se puede acceder a las páginas non gratas que se alojan en servidores extranjeros: es el caso de las webs de disidentes exiliados como Boxun, las de organizaciones pro derechos humanos como Human Rights China, o de determinadas noticias en inglés. Por último, Pekín obliga las empresas extranjeras que tengan servidores en China a modificar sus contenidos[15] y a proporcionar información sobre los internautas que manejan información prohibida.[16]

Además de estos y otros sistemas automáticos, hay una enorme brigada de *ciberpolicías*. Algunas fuentes hablan de treinta mil efectivos, pero no existe ningún dato oficial que lo corrobore. A los extranjeros en China, este enorme aparato de censura nos dificulta y ralentiza el trabajo; a algunos chinos puede arruinarles la vida: varios blogueros han sido condenados a entre uno y dos años de cárcel por sus comentarios en Internet.[17]

Pekín no solo se limita a bloquear: su maquinaria de propaganda produce contenidos. Miles de voluntarios reciben cinco maos, medio yuan (0,07 centavos de dólar) por cada comentario favorable al Gobierno que escriban en las redes sociales. Se les conoce de manera peyorativa como la Banda de los Cinco Maos (*wumao-dang*). Muchos colegios y juventudes locales del Partido Comunista tienen personas dedicadas a escribir en los foros, reproducir el mensaje oficial y denunciar a los internautas que se pasan de la raya. Utilizan perfiles falsos en las redes sociales para suplantar a activistas o para hacerse amigos suyos y obtener información.

Los medios oficiales están obligados a seguir una línea muy precisa. Salvo contadas excepciones, actúan como altavoces del Gobierno. A principios de la década pasada, recibieron la consigna de emitir reportajes para concienciar a la población sobre los peligros de Internet. Varios incendios mortales en cibercafés dieron pie para enfatizar la falta de medidas de seguridad en estos locales, donde supuestamente los jóvenes acababan perdiéndose y dedicándose al juego y la pornografía. En 2006, las Juventudes del Partido describieron los cibercafés como "nidos de crimen juvenil y depravación". Decenas de miles de *wangba* fueron clausurados, supuestamente para evitar un "problema social severo que podía amenazar al futuro de la nación".

La idea de que Internet podía malear a las nuevas generaciones fue calando entre la población. Varias historias reales echaron leña al fuego: un adolescente mató a sus padres porque no lo dejaban pasar más tiempo en Internet y varios más murieron en distintas zonas del país tras pasar días pegados a la pantalla, jugando sin parar. Cundió el pánico. China se convirtió en el primer país del mundo en calificar la adicción a Internet como enfermedad y nacieron centros de rehabilitación en los que los jóvenes eran sometidos a una disciplina férrea.[18] Por ocho mil yuanes mensuales (unos 1.300 dólares), a los padres les garantizaban entre un 70 y un 80% de éxito.

Se calcula que en todo el país existen entre trescientos y cuatrocientos centros de rehabilitación. Se autodenominan campamentos, pero algunos parecen cárceles: tienen barrotes en las ventanas y están ubicados dentro de complejos militares. Los jóvenes, que llevan uniforme, no pueden usar el teléfono ni el computador durante su estancia y deben cumplir los horarios a rajatabla. Esto en China no llama la atención: todos los universitarios del país deben asistir a un campamento militar obligatorio varias semanas al año. Se levantan a las cinco de la mañana, hacen ejercicio sin parar, comen poco y pueden ducharse en contadas ocasiones. Es parte de lo que los chinos llaman *chi ku* (吃苦), literalmente "el comer vinagre", que enseña a sobrellevar los sinsabores de la vida. "El sufrimiento puede ayudarte a mejorar", rezaba la publicidad de uno de estos centros.

Las sospechas surgieron cuando se supo que estos campamentos suministraban medicación a los internos y en algunos casos electrochoques. El creador del método era el psiquiatra Yang Yongxin, conocido como el "tío Yang", que dirigía una unidad contra la adicción a Internet en un hospital de Shandong. Según diversos medios, sometió a casi tres mil adolescentes a descargas eléctricas para curarlos de su supuesta adicción. Lo llamaba *xing nao*, "despertar al cerebro". Al cabo de un tiempo se descubrió que no tenía ningún título en psicoterapia. La presión mediática fue tan grande que el Ministerio de Sanidad emitió un comunicado en julio de 2010 en el que prohibía los electrochoques, dado que no se podía demostrar su eficacia terapéutica.

La alarma definitiva saltó por el caso de Deng Senshan, un chico de quince años que murió al día siguiente de que sus padres lo enviaran a un campamento en la provincia de Guangxi. Según testigos, un instructor obligó a Deng a correr en círculo en el patio hasta la extenuación. Cuando se desplomó de agotamiento, el monitor le propinó una paliza. Ingresó en el hospital con contusiones y hemorragia interna y falleció al cabo de unas horas. Trece personas fueron detenidas. Más tarde se supo que el centro funcionaba sin licencia ni personal cualificado.

El revuelo fue tremendo. Salieron a la luz otros casos de jóvenes maltratados. De nuevo, las autoridades reconocieron que no existía un sistema para registrar y controlar este tipo de campamentos. Muchos internautas señalaron que a otros tantos adolescentes se les había colgado el cartel de adictos para crear miedo a la Web entre la población.

En China, un adicto a Internet es alguien que pasa al menos seis horas diarias conectado durante tres meses y no consigue relacionarse normalmente con los demás. Según esos parámetros, Ma Chencheng está enferma desde que empezó la carrera. "Eso es una barbaridad, yo soy tímida, pero totalmente normal. No se puede generalizar así. Hay mucha gente que se aísla del mundo en Internet porque le da seguridad, y entretenimiento gratis… Es cierto que hay algunos enfermos y necesitan tratamiento, pero la mayoría somos gente normal. Por otro lado, hay mucha gente perturbada que no navega por Internet. ¿A quién hay que internar?".

Para Ma las autoridades demonizan Internet porque permite que la población se exprese como nunca antes. Y porque configura una agenda informativa diferente a la de los medios oficiales. En Internet se libra el pulso entre la autoridad y el ciudadano.

Entre 2009 y 2010, el Gobierno clausuró 1,3 millones de páginas web en una campaña oficial contra "la pornografía y la vulgaridad".[19] La cuestión es que en chino el concepto de "pornográfico" (*huang*, 黃) es ambiguo: tiene que ver con lo inmoral, pero también con lo ideológicamente inaceptable. En el mismo saco entran páginas violentas, foros homosexuales, blogs sobre democracia y desnudos artísticos.

Al mismo tiempo se aplica un doble rasero: en los kioskos no se venden revistas eróticas, pero sí publicaciones como *Nanren*

Zhuang (Para él), con una tirada de 480.000 ejemplares mensuales y editada nada menos que por el Organismo Nacional de Turismo, que saca en portada a actrices en ropa interior, empapadas de arriba a abajo como si salieran de la ducha. Se censuran los besos apasionados en el cine, pero no paran de abrirse *sex shops* en cada barrio. "Necesitamos una definición clara de "pornografía" para justificar la campaña contra ella. Las leyes y los reglamentos solo aportan referencias vagas. Las autoridades censuran lo que ellas mismas entienden por pornografía", se quejaba Zhang Cong, editor de una revista en Pekín, en el portal oficial China.org.[20]

Para Pekín son pornográficos algunos contenidos de la BBC y CNN. Cuando hablan de disidentes, manifestaciones o cualquier otro tema incómodo, el Gobierno les corta la señal. De repente, la imagen del televisor se funde a negro y la retransmisión no vuelve hasta pasados unos minutos, cuando los censores tienen a bien restablecerla.

Los internautas no paran de idear sistemas para no sentirse castrados. Lo llaman *fang qiang*, "romper el muro". Son auténticos magos de los juegos de palabras y, en una especie de catarsis colectiva, se mofan a más no poder de las incongruencias del sistema.[21] Hay centenares de ejemplos de rebeldía cibernética. Dos de los más conocidos están protagonizados por animales: la llama y el cangrejo de río. Aunque se escriben con caracteres diferentes, "Llama" se pronuncia *"cao ni ma"*, y suena muy parecido a uno de los peores insultos que pueden dirigirse en chino contra la madre de alguien. También es muy popular el cangrejo de río, porque se pronuncia *"he xie"*, que suena parecido a "armonizar", el eufemismo que emplea el Gobierno para censurar. Los internautas se valen de los tonos para burlarse, y evitan los filtros. Por ejemplo, para buscar información sobre la censura o las páginas que han sido "armonizadas", escriben en un buscador chino "cangrejo de río".

Del cangrejo y de la llama se encuentran en la Web dibujos,

camisetas, canciones y hasta muñecos de peluche. Pero la fauna anticensura es mucho más amplia: hay "gusanos intestinales", "calamares franco-croatas", "gatos viajeros de la suerte", "ballenas de cola estirada", "gansos cantores" e "inteligentes pollos fragantes". Esas criaturas inverosímiles se pronuncian de forma parecida a "sexo anal", el insulto en inglés *fuck you*, "pelo púbico", "compresa femenina", "infección vaginal" o "masturbación". A los internautas chinos les apasiona provocar. Incluso a los apolíticos como Ma les divierten esas bromas. No usa la Web para criticar al Gobierno: los aspectos de su país que no le gustan los achaca al subdesarrollo. Lo que sí le crispa, y mucho, es el paternalismo de la censura, que le impide visitar todas las páginas que quiera. Le encantaba Fanfou, una copia de Twitter que tenía más de un millón de usuarios cuando el Gobierno la cerró en el verano de 2009, porque había transmitido información sobre las revueltas en Xinjiang.[22] Le resulta patético este intento de preservar una pureza moral que no existe.

"La gente siempre va a encontrar el modo de ver las páginas que quiere", asegura. Muchos amigos suyos tienen una VPN, o red privada virtual, a la que se accede a través de Internet. Funciona como un túnel que salvaguarda la confidencialidad. "Pero al Gobierno no le interesamos los jóvenes de las ciudades: es consciente de que sabemos cómo evitar la censura y compramos DVDs piratas cuando prohíben una película. Lo que les preocupa es que la información llegue sin filtros a las masas de gente pobre".

Quería que fuéramos a almorzar en uno de sus lugares favoritos de Pekín, el centro comercial Village. Está en Sanlitun, un barrio frecuentado por expatriados y chinos de clase alta desde que las embajadas se trasladaron aquí en 1950. A mediados de los noventa, vio nacer al primer bar de la ciudad. Hoy es el centro de la vida nocturna, aunque las terrazas y los conciertos de rock independiente han dado paso a discotecas y franquicias. Para muchos ha perdido su sabor.

Varios edificios de diseño conforman el centro comercial. Hay restaurantes, multicines y las tiendas internacionales más conocidas. En cuanto tiene un rato libre, Ma y sus amigas se citan aquí para mirar vitrinas. Se compran un café y pasean por ahí. Si tienen dinero, van al Queen's Café, una conocida cadena de restaurantes originaria de Hong Kong. El primer establecimiento abrió en la isla en 1952. Sirven una comida muy peculiar porque el dueño, Yu Yong Fu, aprendió a cocinar con un chef ruso.

El local está lleno y suena Edith Piaf. Contamos siete mesas con comensales absortos en sus iPad. Los jóvenes modernos con dinero lo llevan hasta a las comidas familiares. La decoración es una mezcla de estilo chino y lo que algunos chinos entienden por estilo occidental. En las mesas hay botellas de vino vacías con rosas de plástico, y en las ventanas, cortinas de encaje y volantes Nos sentamos bajo una lámpara de estilo medieval. Ma saca un cepillo plegable del bolso y se cepilla minuciosamente el flequillo. "Con este viento siempre voy despeinada", se excusa coqueta. Pide un plato combinado de pollo y espaguetis con tomate. Para beber, té con bolas de tapioca, típico del sur.

Está contenta porque tiene el día libre y últimamente sus jornadas han sido agotadoras. La empresa de valores financieros donde hace prácticas no cierra nunca. Los fines de semana sigue yendo gente a terminar trabajos pendientes. "El ritmo es horrible, pero la gente se pelea por trabajar allí". Ella entró a través de su tío, que trabaja en un banco de inversión. Cuando terminó la universidad pensó que, con su diploma y algo de inglés, en Pekín le lloverían ofertas, pero descubrió que había cientos de miles de jóvenes con mejor currículo y más experiencia. Su tío le aconsejó que durante unos meses trabajara sin cobrar. Para no gastar en un alquiler, vive con él y su mujer. "No tenemos una relación muy estrecha, pero nos llevamos bien", cuenta. "Su piso es grande y tengo mi propio espacio. La mayor parte del tiempo estoy en mi cuarto con el computador".

Habíamos quedado en hablar del argot que ha surgido en Internet. Ma abre la página de foros Tianya.com. "¿Ves que aquí se habla de los *yueguangzu*? Es un término que está de moda. Se refiere a los que se gastan lo que ganan cada mes, sin ahorrar nada. Eso es lo que me pasa a mí", dice riéndose. En los últimos años han surgido nombres para todo, decenas de tribus urbanas: están las hormigas (*yizu*), licenciados que viven en los sótanos de los edificios en las grandes ciudades porque no pueden permitirse alquilar un cuarto en la superficie; los esclavos de la hipoteca (*fang nu*); los esclavos de sus propios hijos (*hai nu*); las parejas que se casan y se divorcian de la noche a la mañana (*shan hun zu*), y un largo etcétera que, en esencia, refleja las angustias de la clase media: ganar lo suficiente para comprar un automóvil y un apartamento y formar una familia.

En Internet no solo han nacido palabras aisladas, sino también un idioma propio. Es el *huo xing wen*, o "lengua marciana", que nació en Taiwán en 2005. No podría ser más críptico: para escribirlo hay que sustituir los caracteres chinos por sus homófonos, o por símbolos, números, sonidos en inglés e ideogramas japoneses. Por ejemplo, el número 0 equivale a la conjunción "sin". Es complicadísimo y sus autores quieren que siga siéndolo, porque lo usan para comunicarse en clave. Se ha vuelto tan popular que hasta existen diccionarios marciano-chino. Ma no sabe escribir en marciano, pero su hermana pequeña sí. "Cada vez que vuelvo a casa me enseña foros y páginas nuevas. La gente que nació en los noventa es la que está cambiando Internet, no nosotros", explica. "Están muy aburridos y se inventan cosas todo el tiempo. Pero cuidado: no hay que subestimar a los internautas. Tenemos mucho poder".

Es cierto. Pueden influir hasta en los tribunales, como ocurrió en 2009 con el escándalo de Deng Yujiao, una joven de veintiún años que trabajaba como pedicurista en un hotel de Badong, en el centro del país. Un funcionario local intentó violarla y ella se defendió con un cuchillo causándole la muerte. En un principio fue condenada a la pena capital por homicidio, pero tuvo la enorme suerte de que su caso saltó a Internet. Encolerizadas, millones de personas escribieron comentarios de solidaridad. Distribuyeron camisetas gratis con su nombre y la convirtieron en una heroína nacional, víctima de los abusos del poder. Finalmente, la justicia la declaró culpable, pero la exoneró de la pena por "perturbación mental". Un caso que cinco años antes no habría trascendido del ámbito provincial saltó a primer plano gracias a Internet.

Desde hace años, los internautas aplican también una forma muy particular de justicia colectiva: se trata de los *renrou sousuo* (人肉搜索) o "buscadores humanos".[23] Rastrean información sobre alguien que ha cometido un delito o cuya conducta desaprueban, indagan hasta el último detalle de su vida y cuelgan todo en Internet para exponer su identidad. Fue lo que hicieron con un pez gordo del gobierno de Shenzhen que intentó abusar de una niña en un restaurante. Las cámaras de seguridad del establecimiento captaron el momento en que la pequeña huía de los baños de hombres, adonde el funcionario presuntamente la había llevado. Las imágenes siguientes mostraban al padre buscando al agresor y al funcionario encarándose con él y ofreciéndole dinero. Alguien colgó el video en el famoso portal Netease. El *renrou sousuo* acababa de empezar. "¿Habéis visto lo orgulloso que parecía?", comentó un internauta. "Es hombre muerto". "Otro oficial abusando del pueblo", exclamó otro. El funcionario fue despedido.

A Wang Jiao, una enfermera de Hangzhou, el *renrou sousuo* le pudrió la vida. En 2006, tuvo la ocurrencia de colgar en Internet un video de sí misma matando a un gato con el tacón de su zapato. Miles de personas indignadas empezaron a hurgar en su vida. Hicieron pública su dirección, sus fotos y su lugar de trabajo. Acabó entregándose a la policía y tanto ella como el camarógrafo del video perdieron sus trabajos y se mudaron a otra ciudad.

Algunos expertos advierten que el *renrou sousuo* puede dar pie a cazas de brujas y destrozar la vida a gente que no ha cometido ningún delito, por muy odiosa que resulte. Creen que no llevará a una sociedad más justa mientras los ciudadanos disfruten de ejercer este poder sobre los demás pero no reivindiquen cambios institucionales.[24] De momento se han publicado críticas sobre funcionarios corruptos de provincias, pero ninguna crítica al poder central.

Después de almorzar salimos a pasear. Ha parado el viento y Ma ya no teme por su peinado. En el escaparate de una librería vemos el último cómic de Zhu Deyong y Ma entra corriendo a comprarlo. El autor taiwanés arrasó hace unos años con su versión de la serie estadounidense *Sexo en Nueva York*, llamada *Fen Hong Se Nu Lang* (Mujeres Rosas), en la que describía las hilarantes aventuras de cuatro compañeras de piso en Taipei. Tuvo tanto éxito que sus cómics se adaptaron para televisión. Al contrario que en la serie americana, las protagonistas chinas no tienen ningún toque azucarado: son neuróticas, cáusticas y despiadadas con el mundo.

El cómic que se compra Ma se llama *Todo el mundo está enfermo*. Según explica el propio autor en la introducción, pretende reflexionar a través del humor sobre las enfermedades de la sociedad actual. En su opinión, el problema de muchos asiáticos es que, tras padecer una enorme pobreza, ahora está devastándolos la riqueza. "Me encanta la visión que este tipo tiene de la vida", dice Ma hojeando el libro. "Todos tenemos nuestras enfermedades, nuestras rarezas. Al menos en Internet puedes encontrar a gente parecida", dice en broma.

Nos sentamos en un banco a ver a la gente pasar. En el centro del complejo comercial hay una zona con surtidores de agua. Unos niños esperan a que empiecen a funcionar. Cuando llega el momento juegan a perseguirse entre los chorros, gritando de contento. A pocos pies de distancia, una modelo con un vestido de lycra azul eléctrico posa para dos fotógrafos de una revista de moda.

Le pregunto hacia dónde cree que va Internet en su país. Se dice que el Gobierno va a obligar a los usuarios de Weibo a proporcionar sus datos personales y en los últimos meses se está notando un descenso de clientes.[25] "No tengo ni idea", contesta Ma. "Pero si no es Weibo, será otra página diferente. Todo va tan rápido... Internet aquí sigue su propio camino, por eso a veces las empresas occidentales no tienen éxito. Un ejemplo: si Facebook viene a China no conseguirá nada. La gente ya usa la copia, Ren Ren, y ni siquiera es tan popular. Mi hermana nunca ha entrado en Facebook. Veremos qué pasa con la censura. Puede que desaparezca, puede que se vuelva más estricta. Yo soy optimista".

Quiero saber qué piensa de los internautas chinos que están en la cárcel o bajo arresto domiciliario, como Cheng Jianping, una mujer que desapareció en octubre de 2010, la noche misma de su boda. Diez días antes había reenviado un mensaje de Twitter en el que el autor sugería que los chinos atacaran el pabellón japonés de la Expo de Shanghái. En esa época había tensiones entre China y Japón a causa de las islas Diayou, que para los japoneses son las Senkaku y que ambos países reclaman. Según Amnistía Internacional, Cheng fue condenada a un año de trabajos forzados por alterar el orden público.

"Leí algo, pero sinceramente no me meto en esos temas ", dice Ma. "Este es un país muy grande y está muy poblado. La censura tiene causas históricas y políticas", explica, pensativa. Como muchos jóvenes de la élite china, defiende que un nivel de control es necesario para evitar que las masas no educadas "incurran en errores" o se crean rumores difundidos a través de la Web.

"Sabes", me dice, "aunque China es uno de los países que más controlan, Estados Unidos también lo hace de forma más sofisticada y sus empresas almacenan mucha más información sobre los ciudadanos en todo el mundo.[26] Yo solo creo que el nivel cultural de los campesinos aquí no les permite asimilar ciertas cosas". Le pregunto si está a favor de que solo los ricos tengan acceso libre a Internet. "Muchas cosas justas se construyen sobre injusticias", suspira. De su bolso saca dos piruletas de corazón y me ofrece una.

8

✦✦✦✦✦

Prostituta a escondidas

Lo que más le gusta a la señora Zhen es cantar en grupo. Que el timbre de su voz, ronco y algo chillón, se diluya entre otras voces. Por eso cada mañana va al Templo del Cielo y se une a un coro de aficionados. Coge su termo de té y una visera por si aprieta el sol, y pasea hasta este parque del sur de la ciudad. Alguna gente que va se toma el canto muy en serio: llevan amplificadores y micrófonos, ensayan a diario y congregan a centenares de curiosos. Pero ella no quiere llamar la atención. Prefiere los grupos más modestos, de seis o siete personas. Se juntan a la sombra de los árboles y reparten el repertorio impreso para que nadie se pierda. Cuando llega el turno de *El Este es rojo*,[1] Zhen la entona a pleno pulmón. Es su momento del día.

A primera hora el parque bulle. La gente hace gimnasia, toca instrumentos, juega a las damas, vuela cometas… Muchos jubilados en China apenas han cumplido los sesenta.[2] La esperanza de vida media es de casi setenta y cinco, y les deja un buen margen para disfrutar. Aunque las pensiones sean bajas, forman parte de una generación que nació pobre y se acostumbró al ocio gratuito al aire libre.

Zhen vuelve a casa antes del mediodía. Compra verdura y huevos frescos en un puesto callejero. Después de comer, cuando no tiene trabajo, se echa una siesta en el sofá. Si un cliente la llama, se ducha y se maquilla para empezar la jornada. Con cuarenta y cuatro años, se nota cansada, y ha decidido acostarse como máximo con un hombre al día.

La prostitución es ilegal en China, pero se ve en todas partes: en las saunas, los hoteles, los karaokes y en muchas peluquerías. Según la ONU, cuando menos cuatro millones de mujeres se dedican al oficio en China. También hay hombres que se prostituyen (se los conoce como "patos") y gigolós que entretienen a las ricas en las discotecas, pero en proporción son muchos menos.

Cuando los comunistas ganaron la guerra civil en 1949, exigieron a los gobiernos locales que erradicaran la prostitución. Sostenían que era una forma de opresión: las mujeres pobres se habían visto obligadas a vender su cuerpo para sobrevivir y eso no tenía cabida en la Nueva China. En ciudades como Shanghái, donde el comercio del sexo se había disparado tras la segunda guerra sino-japonesa (1937–1945), las autoridades pusieron en marcha programas de integración social para las prostitutas. Para principios de los años sesenta, aseguraban haber acabado con el oficio más antiguo del mundo. En realidad, pasó a la clandestinidad. A partir de 1978, con la liberalización económica, el negocio del sexo emergió a la superficie y fue creciendo hasta convertirse en uno de los más lucrativos.

Al igual que la sociedad, en China la prostitución se organiza como una pirámide imaginaria. En la cúspide están las *baoernai* (包二奶), como se conoce a las amantes de los empresarios con dinero y los funcionarios del Partido. Son un símbolo de estatus, como las concubinas de la época imperial, y sus amantes las colman de caprichos: escapadas relámpago a una isla paradisíaca, restaurantes caros, coches (algunos modelos utilitarios se llaman literalmente *vehículos de segunda esposa*) y les compran apartamentos donde las visitan de vez en cuando. En Shenzhen, al sureste del país, existen urbanizaciones enteras de mujeres mantenidas por empresarios de Hong Kong. Las *baoernai* tienen tal capacidad de gasto que son uno de los objetivos de las marcas de lujo.

Un peldaño más abajo en el escalafón se encuentran las chicas que trabajan en los clubes de lujo y las *baopo* (包婆), que acompañan a sus clientes en viajes, galas o actos puntuales. Muchas son estudiantes con másters e idiomas que quieren hacer contactos en las altas esferas y ganarse algún dinero extra. Saben que en cuanto cumplan los treinta dejarán de estar tan solicitadas. Si siguen en el mundo de la prostitución, suelen pasar a una categoría inferior, la de las *santing* (三厅), chicas que trabajan en karaokes, restaurantes y salones de té. Tienen que beber, bailar y charlar con los hombres, además de acostarse con ellos si les pagan.

En la gran mayoría de hoteles hay también prostitutas. Son las *dingdong xiaojie* (叮咚小姐), o "chicas dingdong", que llaman al timbre de las habitaciones ofreciendo sus servicios. Trabajan dentro del propio establecimiento o llegan a un acuerdo con la dirección. Cuando un hombre solo se registra en uno de estos hoteles, sabe que es probable que a los cinco minutos de deshacer la maleta en su cuarto una meretriz llame a la puerta, proponiéndole un "masaje especial".

Más ingrato es trabajar como *falangmei* (发廊妹), o prostituta de salón de belleza. En China hay dos tipos de peluquerías: las que ofrecen cortes de pelo y las que se especializan en otros servicios. Se distinguen fácilmente porque los burdeles lucen en la puerta los neones blancos, azules y rojos propios de las peluquerías pero las empleadas apenas llevan ropa. Son mujeres que cobran muy poco, apenas 100 yuanes (14 dólares) el servicio y necesitan recibir más hombres para llegar a fin de mes. Muchas no usan preservativo porque los clientes se niegan y sus jefes las presionan.

Lo más duro, la base de la pirámide, es ser una chica de calle. Las *jienü* (街女) son las menos agraciadas o las que han envejecido y no consiguen trabajo en ningún club. Captan a sus clientes en los parques o junto a los edificios en construcción. Las que trabajan con proxenetas están sometidas a sus órdenes pero no sufren tantas agresiones. Las independientes más necesitadas solo cobran cinco dólares por servicio. Si se ven apuradas, se venden por algo de comida o por una noche de alojamiento. Trabajan donde pueden: en la calle, bajo un puente, entre los árboles. No pueden pagarse anticonceptivos ni citas con el ginecólogo y dependen por completo de las ONG. Son las primeras víctimas de las enfermedades y los abusos, a menudo por parte de la policía.

Por edad, a la señora Zhen le correspondería ser una de estas mujeres de la calle. Con suerte, podría aspirar a madama de un club. Pero hace dos años su vida dio un giro: un viejo cliente, que trabaja en el mundo de la construcción y es dueño de varias casas en Pekín, la hizo su protegida. El trato era sencillo: Zhen viviría en uno de los apartamentos, no tendría que pagar alquiler y podría seguir recibiendo otros clientes. Solo tenía que darle prioridad cuando la llamara.

Conocí a Zhen través de Wu Rong Rong, una socióloga experta en igualdad de género y prostitución. Al decirle que iba de su parte Zhen accedió a recibirme en su hogar, en un barrio de clase media del sur de la ciudad. Cuando abrió la puerta, un olor exquisito llenó la escalera. "Estaba cocinando", anunció sonriente. "Llegas a tiempo para comer".

El salón estaba impecable, totalmente equipado: DVD, radio, televisión, un ventilador. Una colección de animales de peluche reposaba sobre un sillón azul, encabezada por un Bambi de cinco pies de altura. Mi anfitriona me invitó a sentarme y trajo dos vasos de agua caliente. "Enseguida estará listo", dijo, y corrió a la cocina para que no se le pegara el guiso.

La señora Zhen es de estatura media, cintura recta y pechos generosos. Tiene la cara ancha, las mejillas sonrosadas y una sonrisa constante que le acentúa las patas de gallo. No ha cumplido los cuarenta y cinco, pero parece mucho mayor. Aun así, no ha perdido la coquetería: lleva el pelo rizado, teñido de caoba. Ese día se había puesto un vestido de encaje negro con forro rosa debajo y sandalias de medio tacón.

"Así que Wu te habló de mí, ¿no? Wu es una buena amiga. Hace tiempo que no nos vemos, pero me ha ayudado mucho", explicó colocando una fuente rebosante de habichuelas con tofu en la mesa. "Primero, comer", anunció maternal, "después, charlar". Cuando terminamos, sacó de la nevera un plato de uvas, se descalzó y se recostó en el sillón. Le pregunté si podía encender la grabadora y asintió.

Me resumió su historia. Se crió en una aldea de Chongqing, en el centro de China.[3] Sus padres trabajaban la tierra y a ella le tocó ejercer de madre de sus cuatro hermanos. Cada mañana caminaban dos horas por una carretera para ir a la escuela. Iban descalzos, porque no tenían para zapatos. A los trece, llevaba en hombros a su hermano porque aún era un bebé. Solo podía ir a clase tres o cuatro horas diarias, porque después el niño se orinaba o empezaba a llorar de hambre. Cuando cumplió los catorce, tuvo que abandonar los estudios para ayudar a sus padres en el huerto. A los veintitrés, se casó con un vecino y enseguida tuvieron un hijo. Criaban cerdos y sembraban la tierra pero no era suficiente para mantenerse, así que en 1993 decidió probar suerte en Pekín.

"¿Sigues casada?", pregunté.

"Sí, claro. Pero mi marido no sabe a qué me dedico", contestó con la boca llena. "Cree que trabajo en lo que va surgiendo: en una tienda, vendiendo billetes de tren, en restaurantes… Tampoco me pregunta qué hago. Nunca ha estado en Pekín".

"¿Piensas en él?"

"No", suspiró. "Llevamos muchos años separados y ya no somos una pareja. Nos llamamos de vez en cuando, cuando necesitamos decirnos algo, pero ni él me pide nada a mí ni yo a él. Cultiva el huerto y vende las verduras en el mercado. Tiene una camioneta. Yo le pagué los estudios a nuestro hijo, que acaba de graduarse en Ingeniería Logística. En Chongqing, las que emigramos y sacamos adelante a la familia somos las mujeres. ¿Has estado allí? En Sichuán, la provincia de al lado, pasa lo mismo: los hombres juegan al *mahjong* y toman té mientras las mujeres cocinan y lavan la ropa", dijo riéndose.

Le encantaba charlar. Mientras nos comíamos las uvas, me confesó que no se había divorciado porque había visto en televisión que el divorcio podía traumatizar a los niños. Su obsesión, insistía, era darle a su hijo el bienestar y la educación que ella no había tenido, y para eso necesitaba ganar dinero. Y marcharse a Pekín.

No le dio miedo cambiar de vida a mil millas de casa. Estaba mentalizada para ganar todo el dinero que pudiera. Al llegar fue enlazando trabajos: asistente en una clínica, camarera en un restaurante, vendedora de recibos falsos (la gente los compra para evadir impuestos)… Sobrevivía, pero eran trabajos esporádicos que no le permitían bajar la guardia ni mucho menos vivir con comodidad. Hasta que a finales de los noventa las películas pornográficas extranjeras entraron en China. Daban mucho más dinero, en comparación con los recibos falsos, y los hombres se las arrancaban de las manos. Pero traficar con ellas también entrañaba un riesgo mayor. La policía la detuvo al cabo de unos meses. "Tuve muy mala suerte. Si solo hubiera llevado encima dos o tres películas, no me habría pasado nada, pero me pescaron con siete. Estuve un año y medio en la cárcel".

La prisión de Xizhimen, en el oeste de la ciudad, era un edificio sucio y mohoso de un solo piso. La metieron en una celda con otras veinte mujeres. Algunas eran prostitutas, otras se dedicaban al contrabando. Comían y hacían sus necesidades en el mismo cuarto. Vivían prácticamente a oscuras y hacía muchísimo frío. Su familia se gastó más de 20.000 yuanes (3.100 dólares), todos los ahorros que tenían, en sobornos para sacarla de allí.

Cuando salió no se atrevía a vender otra vez películas porno. Una mujer que había conocido en la cárcel le propuso trabajar con ella como prostituta. En un restaurante ganaría unos 65 dólares al mes. Por acostarse con un hombre, 33 dólares como mínimo. "Me pareció buena idea. Y cuando comprobé lo que ganaba, ya no quise trabajar en nada más. Ten en cuenta que hace diez años una mujer podía conseguir mucho dinero prostituyéndose: éramos menos y podíamos elegir a los clientes". Ya tenía más de treinta años, pero podía cobrar por servicio 500 yuanes, unos 86 dólares. Ganaba unos 6.000 yuanes al mes: 953 dólares, más que muchos ingenieros. "Eso hoy es impensable. Aunque algunas prostitutas no jugaban limpio: estafaban a los hombres o les robaban la cartera. Eso nos perjudicó a todas porque aumentaron las denuncias y la policía empezó a ser especialmente severa con nosotras".

Para Zhen, el Pekín de los noventa era una jungla, una ciudad traumatizada por la matanza de Tiananmen,[4] con la inflación y el desempleo disparados. "La policía andaba con mil ojos para que nadie se pasara de la raya. Era muy común que a uno lo detuvieran". Las películas de la sexta generación de cineastas chinos[5] reflejan el ambiente en el que vivía Zhen, con la presión añadida de tener que mandarle dinero a su familia.

"A las prostitutas nos llevaban a la comisaría a menudo. Y la policía nos tendía trampas. Una vez, a una chica de mi pueblo y a mí nos detuvieron aunque no habíamos hecho nada. Cuando nos presentamos ante el jefe, este dijo que éramos demasiado feas y que nos devolvieran, que él había pedido chicas guapas, ya se imagina para qué. También había un agente, ya jubilado, que se acostó con muchas de nosotras y nunca nos pagó. Tenía nuestros teléfonos y nos llamaba de vez en cuando. Una persona horrible".

Por entonces, Zhen vivía en una casucha de ladrillo y techo de hojalata en un callejón del centro de Pekín. Ahí recibía a sus clientes y después se lavaba en los baños comunitarios. Durante el invierno, el termómetro podía desplomarse hasta los 4 grados Fahrenheit, así que dormía con el abrigo puesto. Bebía litros y litros de agua caliente con hierbas medicinales para evitar las infecciones de orina.

Con algunos hombres mantenía buenas relaciones. Le regalaban fruta, un té especial o algo de dinero para su hijo. Fue así como se encariñó con el constructor que, pasados siete años de encuentros esporádicos, le propuso vivir en uno de sus apartamentos. Y así la señora Zhen pasó a tener calefacción, agua corriente y cortinas de flores.

No lo considera un cliente, sino un amigo. Está casado, tiene cincuenta años y una hija de veinticuatro. Trabaja cerca de Huangshan, la montaña amarilla, en Anhui, y no viene mucho a la capital. El arreglo que tienen es eminentemente práctico: él está de acuerdo con que Zhen siga prostituyéndose, pero cuando está en Pekín ambos dan por hecho que se verán en el apartamento. "A mi amigo le cuesta mucho comunicarse con su mujer. Hace tiempo que viven separados, porque él trabaja en otra provincia", me explicó Zhen. "Al principio me llamaba para hablar y pasar un rato acompañado. Con los años, nos fuimos acercando y empezamos a salir a comer. No es rico, pero está pendiente de los detalles. En mi cumpleaños me regaló un anillo. Cuando quiero ir a casa en Año Nuevo, siempre se ofrece para comprarme el billete de tren. No me paga como un cliente: si le va bien en los negocios, me da algo de dinero. Si un mes estoy apurada, me regala 500 yuanes. Cuando nos acostamos, no hablamos de dinero. No es lo más importante en nuestra relación".

"¿Cómo describirías lo que hay entre ustedes?", pregunté.

"Él me gusta mucho. Es un gran hombre, muy honesto. Siempre me ha ayudado cuando lo necesito, pero no vamos a divorciarnos de nuestras parejas. Los dos tenemos hijos y respetamos a la familia del otro. Por ejemplo, yo nunca lo llamo, por si está con su mujer. A veces ella llama mientras estamos juntos y tiene que volver a casa corriendo. Lo entiendo. Pero cuando discutimos le digo que ni yo soy su esposa ni él es mi marido, que no nos pertenecemos. No sé cuánto durará esto, porque todas las cosas terminan antes o después. Pero sé que, si estoy en Pekín, siempre me echará una mano".

Los dos comparten el trauma de ser padres ausentes, pese a haberse matado trabajando. Él apenas se habla con su hija. El mayor orgullo de la señora Zhen es haberle pagado la universidad a su hijo, pero se cortaría un brazo antes de contarle en qué trabaja. El gesto se le entristece cuando habla de él. "Si supiera a qué me dedico, me repudiaría. Sería una catástrofe", me dijo, muy seria. "Ya está acostumbrado a vivir sin mí. Me fui cuando tenía cuatro años y lo crió su abuela, que le consentía todo. Cuando ella murió, mi marido se hizo cargo de él y también lo malcrió. Nunca aprendió a hacer las cosas de la casa. Es muy inmaduro. Siempre que vuelvo al pueblo me aseguro de llevar ropa discreta, muy sencilla, para que no sospeche en qué trabajo y esté orgulloso de mí. Pero siempre me trata como si yo le debiera algo. Parece uno de esos hombres modernos que beben vino y saben hablar, pero en realidad nunca escucha. Sus amigos dicen que es listo y buena persona. Yo no consigo tener una buena relación con él", se lamentó.

Aunque no se entienden, Zhen siguió ahorrando cuando su hijo se graduó, esta vez para comprarle un apartamento. Sabía que con una casa propia podría encontrar esposa con más facilidad. Reunió 430.000 yuanes (68.000 dólares) para un apartamento nuevo en Chongqing que él nunca le agradeció. "Una vez discutimos y me soltó todo lo que se había guardado", contó Zhen triste. "¿Acaso fuiste a una sola reunión de padres en el colegio?, me gritó. ¿Cómo se llamaban mis profesores? ¿Me lavaste alguna vez la ropa? ¿Qué me has dado tú en la vida? Contesté que había trabajado únicamente para él, que le había comprado el apartamento para que pudiera buscar novia sin preocupaciones. Me contestó que no era necesario".

Ni la cárcel, ni los abusos, ni todos esos años viviendo en aquella casucha habían doblegado a Zhen. Lo único que la destrozaba era que su hijo no la llamara jamás por teléfono.

La señora Zhen calcula que en ella misma solo se ha gastado un 2% de todo el dinero que ha ganado en la vida. Cuando terminó de pagarle la universidad y el apartamento a su hijo, descubrió que ya era demasiado vieja y apenas podía cobrar 100 yuanes por servicio. "La competencia es feroz. Como mucho, las veteranas podemos aspirar a acostarnos con obreros", dice. "Los ricos quieren niñas de veinte años con el trasero duro, aunque no tengan experiencia ni sepan arreglarse. Las nuevas están cobrando muy poco, entre 50 y 60 yuanes (7–9 dólares) en el parque Dongdan. No podemos competir. El otro día estuve con otras hermanas que llevaban tres días sin trabajar.[6] Me contaron que muchas campesinas están viniendo a Pekín a buscarse la vida. Cuando no encuentran nada, se prostituyen. ¿Cómo vamos a sobrevivir nosotras?"

Como no puede hacerles sombra a las nuevas, desde hace un tiempo ejerce de intermediaria entre ellas y los hombres que conoce. Se lleva entre el 20% y el 30% de comisión. Entre tanto, atiende a sus clientes de toda la vida, y los trata muy bien para que repitan. Puede ocurrir que nadie la llame en un par de días, y entonces se preocupa. Su amigo insiste en ayudarla a llegar a fin de mes, pero Zhen quiere depender de él lo menos posible, así que trata de no gastar. Cuando sus amigas del gremio van a un restaurante, ella se lo piensa. A veces se reúne con ellas más tarde para bailar o jugar a las cartas. Tampoco sale de compras: en Año Nuevo los clientes le regalan alguna prenda y con eso se las arregla. A lo que no piensa renunciar es a ir a cantar por las mañanas. Su mejor inversión, dice, han sido los 100 yuanes (15 dólares) del abono anual para entrar en todos los parques de Pekín.

Zhen siempre ha trabajado por su cuenta, para evitar el "negocio turbio" de los proxenetas. Pero sabe que una parte importante de ese mundo se concentra en los llamados poblados del sexo, donde operan las mafias. Hay decenas de ellos en Pekín, pero es importante saber moverse por ellos para no correr peligro, simplemente incluso para que la gente acceda a hablar. Le pido que me lleve, pero no quiere dejarse ver por allí. Me recomienda que hable con nuestra conocida común, Wu Rong Rong. Ella sabe cuándo y cómo entrar. Esa misma noche la llamé. "¿Estás loca?" me respondió Wu. "Si me ven con una extranjera, me señalarán de por vida".

Convencerla me costó un par de semanas. Al final nos encontramos en Majialou, en el sur de Pekín. "Mi marido cree que estoy con mis amigas de la facultad. Como se entere de lo que vamos a hacer, me mata. Le prometí que no volvería a esos sitios", dijo al llegar. Había traído varios informes y quería explicarme cómo han evolucionado los poblados en los últimos años. Nos sentamos a tomar algo. Con papel y bolígrafo, Wu fue haciendo esquemas mientras tomábamos un jugo de ciruela amarga.[7]

"Cuando empecé a investigar este fenómeno, en 2005, había un centenar de lugares así en Pekín, siempre alrededor de las obras de construcción. Los emigrantes que habían dejado a sus familias en el campo necesitaban sexo de vez en cuando. Las prostitutas vieron que ahí había negocio. Fueron instalándose en casuchas alrededor de los barracones donde dormían los obreros. Eran sitios muy pequeños, de cincuenta o cien pies cuadrados, sin agua ni luz, solamente con una mesa y un colchón. Por servicio las chicas cobraban 50 o 100 yuanes (8–15 dólares). Se convirtió en un poblado organizado cuando algunos hombres vagos que no querían trabajar en los andamios se dieron cuenta de que podían hacer negocio con estas chicas y les propusieron protección. Empezaron a traer de sus pueblos a sus vecinas, a sus hermanas, hijas y esposas. Montaban las casuchas para que recibieran a los clientes y se quedaban con una comisión de 20 o 30 yuanes (4–5 dólares) por cada uno. Fue entonces cuando esos lugares se volvieron peligrosos", me contó Wu.

"¿Cuántos poblados quedan hoy?", pregunté, sirviéndole más refresco.

"Yo diría que antes de los Juegos Olímpicos de 2008 había unos cien. Pero el Gobierno hizo una limpieza a fondo en la ciudad: ni prostitutas ni mendigos en las zonas por las pudieran pasar los turistas. Demolieron muchos asentamientos. Hoy quedarán unos veinte o treinta, desperdigados entre el centro y el campo. Piensa que con tanto desarrollo inmobiliario, hay obras hasta en el sexto anillo,[8] y este tipo de prostitutas van donde hay obreros".

Wu quería enseñarme uno de los poblados más polémicos, entre la cuarta y la quinta avenida de circunvalación, donde la policía no solía hacer redadas porque algunos oficiales eran clientes de las prostitutas. El metro no llegaba hasta allí y en bus era demasiado arriesgado: si una extranjera se bajaba en la parada, era fácil suponer que era periodista. Lo mejor, aseguró la socióloga, era coger un taxi pirata.

"Si chofer preguntar, tú no hablar", susurró Wu en su inglés rudimentario mientras nos subíamos al taxi. El conductor, un chico que no pasaba de los veinte años, estaba comiéndose una salchicha clavada en un palo. Nos ofreció con una sonrisa y Wu le dijo que no. Él se zampó la salchicha en dos bocados y abrió un refresco de té verde con azúcar. Llevaba el asiento totalmente reclinado hacia atrás y un tatuaje casero mal rematado en la muñeca.

"Les voy a poner un poco de música", dijo encendiendo la radio. La parte de atrás empezó a retumbar con los bajos del tecno. Wu sudaba a chorros y trató de abrir su ventana, pero estaba rota.

"¿Tienes calor? Una chica guapa como tú no puede pasar calor en mi coche", dijo el chico abriendo las dos ventanas de atrás. Conducía tan rápido que una ráfaga de aire entró de golpe y me pareció que íbamos a salir volando. El tipo parloteaba tratando de impresionar a Wu, que estaba ansiosa por llegar.

Paró cerca de la universidad y quería esperar con nosotras a nuestra supuesta amiga. Wu logró librarse de él dándole un número de teléfono que según me confesó después era falso.

La basura se acumulaba a la entrada del poblado, situado junto a la comisaría de policía. Una anciana en cuclillas hurgaba entre restos de comida podrida, papeles y electrodomésticos abandonados. El hedor era insoportable porque al lado estaban los baños públicos: una caseta de ladrillo sin puerta ni cortina, que se abría en dos habitáculos separados por una tapia baja. A un lado habían trazado con pintura negra el ideograma de "hombre" y al otro el de "mujer". Los inodoros se reducían a un solo canal que discurría a ambos flancos de la tapia. Allí caían directamente los excrementos, las colillas, las moscas. No había desagüe, como es habitual en China fuera del centro de las ciudades. Lo que llamaba la atención eran los cientos de papelitos que cubrían la pared. Eran anuncios de clínicas para abortar y de remedios contra las enfermedades de transmisión sexual.

Para adentrarse en el poblado había que sortear el reguero pestilente que salía de los baños. Había llovido el día anterior y el suelo sin asfaltar era un barrizal. Podría haber sido un callejón cualquiera en los barrios más pobres de Pekín, con casas minúsculas sin aislamiento y vecinos cocinando en la calle con un fogón de gas. Varias tiendas vendían desde cerveza hasta detergente. Un cartel anunciaba fideos a 30 centavos de dólar el plato. "Ahora fíjate bien", me advirtió Wu.

A medida que avanzábamos, vimos las clínicas con puertas de aluminio blanco, como casetas de obra prefabricadas. Las tiendas que vendían ungüentos, raíces y hierbas medicinales para fortalecer las defensas, prevenir infecciones o aumentar el vigor sexual. Varias mujeres apostadas en las esquinas, a la espera de clientes. Tenían entre cuarenta y sesenta años y se habían maquillado con un aire teatral, la cara muy pálida y las cejas pintadas, como los actores de la ópera.

Solo había dos restaurantes en toda la calle y nos metimos en el más retirado para charlar. Eran las tres, demasiado tarde para comer y aún temprano para cenar, y estábamos solas. La dueña dormitaba con un gato en las rodillas y la telenovela a todo volumen. Saludó con un gruñido. Wu le pidió un plato de tomate natural con azúcar y una botella de naranjada. Los trajo rezongando al cabo de un rato.

"Esas mujeres que viste afuera están expuestas a un riesgo enorme porque nadie les ha explicado cómo protegerse del sida", explicó Wu. "Algunas no saben ni qué es. Se ponen una inyección medicinal y creen que con eso se previene todo".

El VIH es un problema preocupante para las autoridades chinas. Unas 780.000 personas viven con el virus pero la mitad de ellas no lo sabe, según datos de Naciones Unidas.[9] Aparentemente, cada año se infectan cincuenta mil personas, sobre todo clientes, prostitutas y homosexuales que mantienen relaciones sin protección, y también toxicómanos que comparten jeringuillas. Los expertos reconocen que las cifras reales pueden ser mucho mayores porque hay hombres que nunca se han hecho un análisis de sangre aunque llevan media vida acostándose con meretrices. En las zonas más pobres de China, más de la mitad de las trabajadoras sexuales no usan condón y muchos hombres creen que las enfermedades de transmisión sexual son apenas más serias que una gripe.[10] Se cree que entre treinta y cincuenta millones de personas están expuestas a contraer el virus.

Le pregunto a Wu qué alcance tienen las mafias. Después de quince años hablando con prostitutas, ha concluido que el 90% de ellas trabaja en el oficio por voluntad propia. La mayoría porque necesitan el dinero, pero no porque sean víctimas de una red. "La típica prostituta china es una mujer que antes ha ejercido otras profesiones. ¿Sabes que muchas han sido antes camareras en los alrededores de algún club? Trabajan en los restaurantes donde las prostitutas comen con sus clientes. Se enteran de cómo viven y cuánto ganan al mes. Ven que las trabajadoras sexuales son más feas que ellas pero llevan ropa más bonita y pueden salir a comer porque ganan diez veces más. Así que deciden prostituirse", concluye.

El otro 10% de las mujeres, sin embargo, vive un infierno. Son las víctimas de los traficantes de seres humanos.[11] Según la Federación de Mujeres de China, las mafias aprovechan que las jóvenes de zonas rurales quieren emigrar a las ciudades o a las fábricas de la costa. Las reclutan en sus pueblos, prometiéndoles trabajo en restaurantes o en la industria. Con tristeza, Wu cuenta que ha conocido a muchas víctimas. Le tiene especial cariño a Meimei,[12] una muchacha de Sichuán que logró escapar de una red al cabo de seis años.

La historia de Meimei es terrible. De pequeña, su familia no la dejó ir al colegio. El padre quería que trabajara cuanto antes. Con trece años, la mandó a Pekín con un vecino, que supuestamente iba a conseguirle trabajo como camarera. Ya en la capital, el amable vecino resultó ser un desalmado que traficaba con adolescentes vírgenes. La molió a golpes y la encerró. La muchacha pasó varios años trabajando en un club como una esclava. Intentó escapar dos veces, pero la pillaron. Finalmente consiguió huir, pero como no sabía leer ni escribir, no podía leer los anuncios para encontrar otro trabajo. Empezó a prostituirse en la calle para comer. Cuando Wu la vio por primera vez estaba medio desnuda en un parque, esperando que se le acercara algún cliente. Tenía veinte años, pero aparentaba el doble: la mirada sin brillo, el cuerpo plagado de cicatrices y las defensas por los suelos. Wu la llevó a tomar un caldo y, con el tiempo, se hicieron amigas. Cinco años más tarde, Meimei sabe leer y escribir muchos caracteres chinos y cada seis meses se hace chequeos médicos. Tiene secuelas psicológicas graves y todavía no ha conseguido encontrar otro trabajo.

Mientras Wu cuenta la historia de Meimei, varios clientes llegan al restaurante. Una abuela con un niño pequeño que quiere sopa, y dos hombres que se sientan en la mesa contigua a la nuestra. Cuando ve a los dos tipos, Wu empieza a ponerse pálida. Anuncia que se está haciendo tarde y pide la cuenta.

En el taxi de vuelta al centro, me dice que es mejor no quedarse demasiado tiempo en esos sitios. Esos hombres podían ser policías, o proxenetas. "Una vez, mientras investigaba para mi tesis, fui a una barriada como esta de las afueras y saqué varias fotos. Un hombre me dijo que, si no las borraba, me rompería la cámara. Se puso muy agresivo, tuve que borrar las imágenes delante de él para que me dejara irme. Desde entonces soy más precavida", explicó.

A los proxenetas no les gustan los curiosos. A la policía, con su largo historial de maltrato a las trabajadoras sexuales, tampoco. Durante años, el Gobierno solía publicitar sus operaciones contra la prostitución sacando a las prostitutas a la calle para humillarlas. Eran los llamados "desfiles de la vergüenza", una forma de escarnio típica durante la Revolución Cultural. En 2006, cien meretrices de Cantón tuvieron que soportar un abucheo colectivo retransmitido por televisión. En otras provincias se publicaron en Internet los nombres y direcciones de prostitutas y de sus clientes. Sin embargo, la mayoría de internautas no aprueba estas campañas. En julio de 2010, las fotos de dos jóvenes prostitutas, descalzas, esposadas y atadas suscitaron un aluvión de críticas. Los internautas cuestionaban la falta de humanidad hacia esas dos personas que no habían hecho daño a nadie y, sobre todo, por qué a los funcionarios corruptos no se les aplicaba el mismo escarmiento.

El Gobierno terminó por prohibir los desfiles de la vergüenza. Según Wu, siguen celebrándose a menor escala. Nunca olvidará una noche en 2007, cuando varias amigas prostitutas la llamaron llorando de rabia. Unos policías las habían regado con agua helada y les habían hecho pasar horas en la calle, en pleno invierno, solo para ridiculizarlas. Una de las mujeres que plantó cara a los agentes para defender a las chicas fue la señora Zhen.

Wu le había prometido a su amiga que no se marcharía de Pekín sin verla. Después de la visita al poblado, vamos a su casa. Las dos mujeres se cogen de las manos y se miran con cariño.

"Qué guapa estás, qué bien te ha sentado el parto", dice la señora Zhen pellizcándole las mejillas.

"Mentira, ¡estoy gordísima!", contesta Wu riéndose. Echa una ojeada a la habitación. "¡Qué bonita tienes la casa, hermana mayor![13] ¿Y eso?" Señala a un retrato de cuatro pies de altura de Zhen, maquillada y peinada, con un ramo de orquídeas, como una estrella de cine.

"Es una foto que me hicieron el año pasado. Fui con unas amigas a pasear y vimos un estudio nuevo de fotografía que estaba de promoción. Nos peinaron y nos maquillaron por 30 yuanes (4,8 dólares). No está mal, ¿verdad?"

Nos sirve té y frutos secos y enciende el ventilador. Explica que está empezando a notar los primeros sofocos de la menopausia. Hablan del trabajo, del bebé de Wu, del bochorno del verano.

Wu le pregunta cómo está. La señora Zhen explica que algo cansada porque ya no tiene veinte años, pero que ser veterana tiene sus ventajas: la policía lleva tiempo sin molestarla. Cuando se acerca un acontecimiento importante, como el aniversario del Partido Comunista, los agentes hacen redadas en los clubes, ponen multas y meten a unas cuantas chicas y a sus proxenetas en la cárcel para dar ejemplo. Pero cuando pasa la fecha señalada, todo vuelve a la normalidad.

Está deseando que llegue el Año Nuevo. Son sus únicas vacaciones y se toma un mes para volver al pueblo. Pasa tiempo con sus hermanos, ven la televisión, juegan a las cartas, tiran petardos y cocinan sin parar. De lo que más tiene ganas es de ver a su hijo.

"¿Cómo van las cosas con él?" Wu pregunta con tacto. Sabe que es un tema espinoso para su amiga.

"Como siempre. El problema de mi hijo es que no sabe por lo que he pasado y por eso no me entiende. Ojalá se case pronto. Creo que no tiene novia todavía".

"¿No vas a presentarle a nadie?"[14]

"No. No me dejaría. Que escoja él, pero que tenga hijos pronto", dice Zhen. Wu asiente, comprensiva.

Ese es el sueño de la señora Zhen: hacer la maleta en cuanto nazca su nieto y volver al pueblo. Dejar atrás su vida en Pekín, de la que su familia no sabe nada, y dedicarse a ser abuela.

9

✦✦✦✦✦

Pekín desde el taxi

Zhang Xiaodong frota la ventana delantera del taxi con la manga de su chaqueta. Ha dormido dos horas y su respiración ha empañado los cristales. El ambiente está cargado y huele a ajo. Cuando baja la ventanilla, entra una bocanada de viento fresco. Hace crujir los nudillos, gira el cuello para desentumecerlo y sale a estirar las piernas.

A su espalda hay decenas de taxis estacionados en fila. Los conductores duermen todavía, con los asientos reclinados hacia atrás y los pies en el cuadro de mandos. Con cincuenta y ocho años, Zhang Xiaodong ya no consigue descansar así. Enciende un cigarrillo, seca el rocío del capó y se sienta frente al canal que discurre al lado de la calle. Dos trabajadores municipales lo recorren de arriba a abajo en una lancha, pescando algas y basura con sus redes en el agua verdusca. La autopista está detrás. En cuanto amanezca, el ruido del tráfico será ensordecedor, pero de momento solo se escuchan las golondrinas y el suave ronroneo de la embarcación.

Todavía le queda medio día para terminar el turno. Vive a dos horas conduciendo de Pekín, y no le saldría rentable ir y venir cada día, así que trabaja veinte horas seguidas y luego descansa otras veinte para optimizar gastos. Lo tiene todo calculado. El alquiler del taxi, el combustible y los peajes corren por su cuenta. Como la gasolina ha subido (cuesta el doble que hace cinco años), tiene que trabajar mucho más para ganarse sus 2.400 yuanes (378 dólares) lo imprescindible para comer y pagar las consultas médicas de su mujer.

Un par de flexiones de tronco y de rodillas, un trago largo del té que lleva en el termo y ya está listo para ponerse de nuevo al volante.

Cuando empezó a trabajar como chofer en 1986, en Pekín los automóviles eran un lujo reservado a los empresarios y los altos funcionarios del Partido. El resto de la población se desplazaba en bus o en bicicleta. A cualquier hora del día las calles estaban despejadas. Zhang Xiaodong recuerda el placer de cruzar desierta la avenida Jing Shan, frenando y acelerando cuando le daba la gana, por delante de los jardines imperiales de la Colina del Carbón y los pabellones dorados de la Ciudad Prohibida. En veinte minutos atravesaba la ciudad de un extremo a otro sintiéndose el rey del asfalto.

Hoy para completar el mismo trayecto necesita dos horas. En congestión de tráfico, Pekín está al nivel de México DF o de Sao Paulo. Con cinco millones de vehículos,[1] las circunvalaciones están siempre bloqueadas. El caos puede desatarse por cualquier incidente: un bus pretende doblar en un cruce, varios automóviles no consiguen adelantarlo a tiempo y quedan atrapados… ya se ha formado el embudo del embotellamiento. Los conductores se desahogan a bocinazos o directamente se bajan del vehículo, ante los gritos desesperados de un agente de tráfico. En Internet hay centenares de videos de aficionados que graban estos desbarajustes desde sus ventanas y comentan lo desastrosa que se ha vuelto la ciudad.

El tráfico es uno de los temas que más desquicia a los pequineses.

Todos se acuerdan del "atasco más grande del mundo", como lo llamaron los medios internacionales, en el verano de 2010. Durante más de diez días, la autopista que une Pekín con la Región Autónoma del Tíbet se convirtió en una trampa porque estaba en obras y varios accidentes terminaron de obstruirla. A lo largo de sesenta millas, miles de vehículos estuvieron casi parados, avanzando por momentos al ritmo exasperante de una milla diaria. Pacíficos, los conductores dormían, paseaban y jugaban a las cartas. No les quedó más remedio que lavarse y hacer sus necesidades entre los vehículos. Solo montaron en cólera cuando los vecinos de la zona, que vieron claro el negocio, empezaron a venderles el agua y los fideos instantáneos al cuádruple de su precio.

El embotellamiento situó el tráfico en el epicentro del debate mediático. ¿Podían absorber el tráfico actual de camiones unas carreteras concebidas y construidas hace treinta años?, se preguntaban los expertos. El Gobierno reconoció que no. Abastecer de energía a las macrociudades como Pekín tiene un precio: las vías están saturadas, desgastadas por el transporte de mercancías y materias primas. Se calcula que, en la autopista del atasco más largo del mundo, el tránsito ha aumentado un 40% en pocos años porque Mongolia Interior es la nueva fuente de carbón de la capital.

En Pekín el asunto era otro: la fiebre del automóvil estaba asfixiando a la ciudad. Las cinco circunvalaciones, que son bastante nuevas, lucen un pavimento que ya quisieran para sí Roma o Nueva York, pero no tienen suficientes carriles para acoger semejante cantidad de vehículos. Animados por jugosas ayudas del Gobierno, que declaró estratégico el sector para que China despuntara al nivel de Alemania, Japón y Estados Unidos, los consumidores se lanzaron en pos del símbolo de estatus social por excelencia. Había llegado el momento de conducir.

En 2009, familias enteras acudían en tropel a los salones del automóvil. Un presupuesto de 5.000 yuanes mensuales (800 dólares) bastaba para comprar y mantener un automóvil de gama media.[2] Los más pudientes se hacían con dos. Los campesinos, que recibían subvenciones por jubilar sus vehículos viejos, examinaban los nuevos una y otra vez, ajustando los espejos y reclinando los asientos hacia delante y hacia atrás. Los que aún no habían juntado el dinero merodeaban entre los modelos en exposición, quedándose con la foto del que se regalarían en un futuro.

Shanghái se convirtió en la nueva Detroit. Y China, en el primer mercado automovilístico mundial por delante de Estados Unidos. En 2010, se vendieron dieciocho millones de unidades. Para muchos analistas las cosas empezaron a ir demasiado rápido. La cifra de vehículos per cápita seguía siendo muy baja en comparación con los países desarrollados,[3] pero las ciudades no estaban preparadas para semejante euforia automovilística. El Centro de Investigación de Transportes hizo saber que en Pekín el tráfico era cada vez más lento y podía alcanzar niveles alarmantes en 2015.

El Gobierno pisó el freno. Dejó de conceder ayudas y a finales de 2010 restringió el número de matrículas nuevas.[4] Mucha gente recurrió a tejemanejes y contactos para matricular su vehículo de todos modos, pero las limitaciones, unidas al aumento del precio del combustible, hicieron bajar las ventas.[5] Se tomaron medidas para reducir la congestión y la contaminación, se promovió el automóvil eléctrico y se reforzó el transporte público en la red de metro, una de las redes más extensas del mundo. Además, se obligó a circular en días alternos, según la matrícula terminara en número par o impar.

Pese a todo, Zhang Xiaodong calculaba que cada día pasaba unas tres horas atrapado en el tráfico. Y eso lo desesperaba. Para ganar 520 yuanes (83 dólares) necesitaba trabajar al menos doce horas. Cuando estaba parado, el taxímetro corría más lento y ganaba la mitad. Lo miraba angustiado por lo que le estaba costando.

Lo que lo salvaba de un ataque de nervios era la música. Escuchaba de todo, salvo tecno: ópera china, Mozart, Bruce Spring-steen, rock local. Al poco tiempo de conocernos, me regaló un disco de Dao Lang, su artista de folk preferido, de la provincia de Si-chuán. "Me lo grabó mi hija. Es mi profesora de música moderna", dijo, e insertó el CD en el reproductor del taxi. Se sabía los temas de memoria:

> "La primera nieve de 2002
> me trae una historia difícil en Urumuchi,[6]
>   que no puedo olvidar
> Eras como una mariposa que aleteaba
> sobre la nieve virgen, como una llama.

Entonó los versos con voz ronca, de fumador empedernido. "He escuchado este disco miles de veces. También me gusta la radio, pero la música llena más espacio. Me acompaña. Mientras canto, le doy menos vueltas a las cosas. Las horas pasan muy despacio al volante".

Tenía los ojos negros, chispeantes, y la piel morena y curtida, con finísimas arrugas blancas. Cuando sonreía asomaban unos dientes torcidos y salpicados de sarro, con puentes mal colocados que dejaban hierros a la vista. Como muchos hombres chinos, llevaba larga la uña del meñique, de poco menos que una pulgada. Es sinónimo de cierto estatus porque indica que uno no trabaja con las manos. La usan como si fuera una navaja suiza: para rascarse, quitarse la cera de los oídos, hurgarse la nariz, abrir paquetes, separar billetes y, en el caso de Zhang Xiaodong, juguetear en los atascos.

Desde su asiento, el taxista ha visto cómo el pueblo grande que era Pekín se convertía en una capital despampanante. Cuando terminó la guerra civil en 1949 y se proclamó en la Plaza de Tiananmen la República Popular, apenas había casas de dos pisos. Sesenta años después, el *skyline* incluye rascacielos con forma de antorcha, abrelatas y espiral. Es el nuevo Pekín, el sueño de los arquitectos occidentales, donde todo es posible.

La nota amarga es que por el camino se destruyó gran parte del patrimonio histórico. El valor de las construcciones que se han perdido desde el maoísmo es incalculable. Wang Jun, periodista, especialista en urbanismo y autor de *Cheng Ji* (城记), un éxito de ventas sobre la evolución de Pekín, ha documentado minuciosamente los destrozos. Uno de los más simbólicos ocurrió en 1954, cuando los maoístas derribaron el Templo de la Celebración de la Longevidad. Edificado en el siglo XII, era una de las joyas de la ciudad. Los mongoles lo respetaron cuando adoptaron Pekín como capital.[7] No así los ingenieros del Partido Comunista, que se empeñaron en trazar una línea recta de este a oeste a cualquier precio. La Avenida de la Paz Celestial pasa por donde en otra época se elevaba el templo budista.

La destrucción alcanzó máximos durante Revolución Cultural (1966–1976). Los Guardias Rojos, jóvenes paramilitares cegados por el culto a Mao, recibieron instrucciones de acabar con todos los símbolos del pasado y reconstruir el país desde cero. Azuzados por el Gobierno, redujeron a escombros miles de edificios centenarios. Saquearon museos, templos y *siheyuan*, las emblemáticas viviendas pequinesas de ladrillo gris y techo de teja.[8] Los propietarios enviaron lo que pudieron al extranjero, lo malvendieron o lo escondieron. Aun así se perdieron los portones de madera labrados a mano, los artesonados, los muebles, los tapices preciosos, siglos de Historia.

Con la apertura económica de 1978, el lema pasó a ser crecer, crecer y crecer. Había que acoger a la clase media y a los emigrantes que llegaban del campo, construir edificios altos y centros comerciales. Bajo las excavadoras desaparecieron barrios enteros de casas bajas. Cientos de miles de viviendas fueron expropiadas y sus dueños, desalojados del centro y reubicados en las afueras. El sector inmobiliario despuntó como uno de los negocios más lucrativos, y más turbios.[9]

Tres décadas más tarde, Pekín tiene veintidós millones de habitantes y el mapa sigue cambiando. No es una exageración: en un par de semanas, puede desaparecer una manzana de casas. Al volante, Zhang Xiaodong necesita repasar todo el tiempo las rutas en su cabeza para no perderse y evitar las calles en obras. Cuando lo asalta la nostalgia, conduce junto a las ruinas de la muralla. Nadie diría que durante casi quinientos años, desde 1435 hasta 1965, la capital china estuvo fortificada por un muro de casi quince millas de largo, cincuenta pies de alto y nueve puertas. Mao Zedong ordenó derribarlo para construir la primera circunvalación de la ciudad, el llamado segundo anillo, y la primera línea de metro. Muchos expertos se llevaron las manos a la cabeza, pero no había nada que hacer.[10] Lo único que queda en pie son un par de puertas que se alzan solitarias junto a la autopista[11] y una pared comida por las malas hierbas cerca de la estación sur de tren. La gente va allí a pasear a sus perros.

Habíamos ido a hacerle una visita a las ruinas de la muralla y nos entró hambre. Estacionamos el taxi a la entrada de un *hutong*, un conjunto de callejuelas tradicionales, para buscar algún sitio de comida casera. En medio del estruendo de la autopista, los *hutong* permanecen increíblemente silenciosos, como oasis en el desierto. Solo se ven casas bajas y puestos de verdura fresca, los vecinos se desplazan en bicicleta, todo el mundo se conoce, los niños juegan solos sin peligro. He Suzhong, fundador del Centro de Protección del Patrimonio, siempre dice que si tuviera que elegir el lugar más representativo de la antigua cultura china, sería el *hutong*. Simbolizan una forma de vida.

Pero para disfrutar ese sabor único hay que darse prisa. "A esta calle no le queda mucho tiempo en pie", me dijo Zhang Xiaodong señalando las casuchas de materiales baratos, sin calefacción ni baño. Muchas eran auténticos tugurios. El ideograma 拆 (*chai*) relucía en varias puertas: significa que algo va a ser derribado. Contamos ocho caracteres iguales, en pintura blanca.

En una esquina, dos mujeres se lavaban el pelo en un cubo. Un niño que apenas sabía andar se tambaleaba persiguiendo a una gallina. El animal iba delante, perdiendo plumas de la cola. La parte de atrás de un restaurante musulmán daba al callejón y en el aire flotaba el aroma de los pinchos de cordero. Un ayudante de cocina con un delantal mugriento salió a tirar restos de comida sobre un montón de desperdicios que se pudría en un rincón.

Al final de la calle avistamos una maraña de bicicletas y *sanlunche*, los triciclos que se usan para transportar tanto pasajeros como mercancías. "Si tanta gente estaciona ahí es porque hay un sitio donde se come bien", apuntó Zhang Xiaodong, y apretó el paso como si hubiera olfateado algo. No se equivocaba: al doblar la esquina encontramos un bar repleto de clientes. Era un local de apenas cincuenta pies cuadrados, con paneles prefabricados, y sin baño (en los *hutong* se usan los aseos comunitarios). Los dueños habían improvisado una terraza con mesas plegables y taburetes enanos, de unas seis pulgadas de alto. Uno queda prácticamente en cuclillas al sentarse: una postura muy cómoda, según los chinos. Pedimos dos cuencos de *dan dan mian*, fideos de Sichuán bañados en salsa picante, con cerdo, verduras en vinagre y cebolleta. Zhang Xiaodong añadió unos dientes de ajo como acompañamiento. Los chinos rara vez perdonan el ajo fresco en las comidas, como los occidentales el pan.

Tres hombres con uniforme de taxistas nos saludaron desde otra mesa.

"¡Viejo Zhang! ¿Vienes a almorzar?", gritó uno rechoncho y con la cabeza rapada. Hizo señas de que nos sentáramos con ellos.

Se llamaban Lu, Lao Wang y Xiao Lin. Se conocían desde hacía años, como me explicaron después, pero no solían coincidir porque tenían turnos diferentes. "¡Estamos celebrando que el señor Lu va a ser abuelo!" exclamó Xiao Lin, el rechoncho. Le hizo una señal al camarero para que trajera dos vasos más y nos sirvieron licor de arroz para brindar. Juntamos las mesas. "¡Qué alegría, va a ser un pequeño dragón!",[12] exclamó Zhang Xiaodong.

Lu y Xiao Lin trabajaban para la misma empresa que Zhang Xiaodong. Vivían respectivamente en Pingu y Miyun, dos pueblos de las afueras, y también apuraban al máximo las jornadas para economizar gasolina. Lao Wang, en cambio, era un pequinés de toda la vida y trabajaba de siete y media de la mañana a cuatro de la tarde. No le preocupaba ganar menos porque su mujer era enfermera en un buen hospital. "Ella es la jefa, gana más que yo, así que me toca encargarme de más tareas en casa", confesó riéndose. "Ser taxista en Pekín ya no es buen negocio".

Los tres habían coincidido por la zona y decidieron escaparse un par de horas a comer, aprovechando que en la segunda circunvalación se había formado un atasco por un accidente. "Me apuesto 50 yuanes a que entre los que se estrellaron hay un rico con un Mercedes", bromeó Xiao Lin. "Se compran lo más caro y ni siquiera han aprendido a conducir ", se rió. "Entonces el otro estrellado debe ser un taxi pirata", ironizó el señor Lu. De los cien mil taxis que hay en Pekín, aproximadamente treinta mil son *hei che* ("coches negros"), de particulares sin licencia que se ganan la vida llevando gente. El señor Lu, que se teñía el pelo de color tizón y lo llevaba repeinado con una onda, les tenía inquina porque creía que le fastidiaban el negocio. Zhang Xiaodong, en cambio, los disculpó: "Los *hei che* hacen lo que pueden. Esta ciudad cada vez es más cara y llevan una vida muy ingrata. Cuando paso por una calle y los veo aparcados esperando clientes, me voy a otro lado y ya".

Para Zhang Xiaodong, sus compañeros desperdiciaban sus

energías despotricando contra los chóferes clandestinos en vez de encararse con sus propios jefes. Jamás elevaba el tono, pero se le hinchó la yugular al hablar de su empresa: "Son canallas, auténticas bestias que se gastan el dinero que dejamos de ganar nosotros", exclamó. En toda China hay 8.700 compañías de taxis que emplean a unos dos millones de conductores.[13] Mientras apuraban la botella de licor de arroz, los taxistas me explicaron que cada una funcionaba a su manera, pero con un denominador común: sangrar a los empleados. "En la mía organizan cada mes dos reuniones aburridísimas para hablar de las normas de tráfico, la seguridad y el trato al pasajero", protestó Zhang Xiaodong. "Nos obligan a asistir. Antes de la hora de la reunión nos bloquean los taxímetros por control remoto para que no podamos seguir trabajando. Perdemos medio día. Y ese dinero que dejamos de ganar nadie nos lo compensa. El alquiler del taxi sigue siendo el mismo". Sus colegas asintieron.

"La prueba de que para ellos somos payasos es este uniforme ridículo, míralo", exclamó Xiao Lin agarrándose la camisa que tenía que llevar desde los Juegos Olímpicos. Un mes antes, en julio de 2008, una orden municipal obligó a las compañías de taxis a proporcionar trajes reglamentarios a sus empleados. Era el debut de China ante el mundo y el Gobierno quería causar buena impresión. Les prohibieron escupir, comer ajo (para que no les oliera el aliento) y fumar dentro de los taxis. Zhang Xiaodong y sus compañeros podían desobedecer a escondidas esas normas, pero con el uniforme no hubo remedio. Recibieron dos mudas de pantalón azul marino, camisa amarilla y corbata a rayas negras y amarillas. La multa por no ponérselo era de 200 yuanes. "No sabes lo que pica esta porquería. De algodón no tiene nada. Es fibra barata. Cuando sudo no la soporto", protestó Xiao Lin, que después de la opípara comida tenía los botones de la zona de la barriga a punto de estallar.

Animados por mi grabadora, los cuatro se lanzaron a despotricar. "Este pantalón y esta camisa en el mercado cuestan como mucho 150 yuanes (23 dólares). Tenemos dos conjuntos, así que 300 yuanes. La empresa nos descontó 800 del sueldo. ¿Eso no es robar?", insistió Zhang Xiaodong.

"A mí el uniforme ya me da igual, pero con las inspecciones me están amargando la vida", se quejó el señor Lu. "Nos penalizan si llevamos el taxi sucio, pero nunca nos han dicho cuáles son los estándares de limpieza. Por un pelo que un cliente haya dejado en el asiento trasero me pueden multar, ¡por un solo pelo! En el fondo lo que quieren es recaudar dinero. Los muy ladrones actúan además por venganza personal: cuando la policía se lleva mal con tu empresa, es mucho más estricta, busca el menor detalle para multarnos. Por un problema leve, pagas tú la multa, pero como sea mucho dinero y haya que notificárselo a la empresa, te quedas sin trabajo", explicó.

El señor Lu estaba obsesionado con la limpieza de su taxi porque una sola sanción le desbarataba las cuentas del mes. Se negaba en rotundo a llevar niños, personas en silla de ruedas y obreros que llevaran la ropa sucia. Reconocía sus prejuicios con una sinceridad pasmosa. "No me gusta la gente del noreste, de ninguna de las tres provincias",[14] sentenció limpiándose los dientes con un palillo y chupándolo después. "Sean hombres o mujeres, dicen demasiadas vulgaridades. Habrá gente buena, pero en general en el noreste son maleducados. Los pequineses siempre se dirigen a mí como "conductor" y luego me indican la dirección. Ellos se suben al taxi y dicen: "sigue recto" y punto. Me hacen sentir incómodo. Tampoco me gusta la gente de Xinjiang. En esa provincia hay muchos ladrones, no están civilizados. No se llevan bien con nosotros, que somos de etnia han".[15] De los extranjeros, aclaró que prefería no llevar ni rusos ni africanos.

"Yo evito pasar por Yabao Lu", reconoció Zhang Xiaodong, en

referencia a la calle principal del barrio ruso en Pekín, "porque me da miedo no entenderles cuando me hablan". Para él, los peores eran los jóvenes, tanto extranjeros como chinos. "Los fines de semana siempre están borrachos e indican mal las direcciones. Algún descarado se ha montado en mi taxi diciendo que no tenía dinero pero que lo llevara igual. Yo en esos casos no protesto. No quiero problemas. Una vez un sinvergüenza me robó el teléfono cuando bajé a comprar tabaco".

La dueña del restaurante se acercó a preguntar si queríamos más licor de arroz.: "Claro que sí, hermana",[16] Xiao Lin se frotó la panza, "pero hay que seguir trabajando. Como siga aquí sentado me voy a quedar dormido", añadió y se puso de pie trabajosamente.

En las semanas de poco trabajo, Xiao Lin ni siquiera volvía a su casa. Dormía en el taxi entre la tercera circunvalación sur y el Museo de Arte Contemporáneo, en una calle tranquila donde decenas de conductores como él tenían montada una base de operaciones. Era un verdadero campamento. Cada uno se había hecho con un sitio fijo para aparcar, lavaban las mudas en el baño público y las tendían en una cuerda atada a dos farolas. Compraban comida caliente en un tenderete abierto toda la noche y en los bares cercanos los dejaban rellenar con agua hirviendo el termo de té. Si no conseguían dormir, siempre había algún compañero desvelado con quien charlar.

Zhang Xiaodong habría hecho los mismos sacrificios con tal de trabajar más horas, pero tenía que echarle una mano en la huerta a su esposa y, sobre todo, cuidar de ella: cuando le daba un ataque de vértigo, pasaba días tumbada sin poder moverse.

Zhang y su mujer vivían en una aldea al pie de las montañas de la comarca de Yanqing, a dos horas por carretera del centro de Pekín. En la misma casa sin baño ni lavadora donde el taxista se había criado con su padre y sus dos hermanas. La madre murió cuando él tenía seis años. Eran pobres de solemnidad, nada raro por esa época. Zhang Xiaodong solo fue cinco años a la escuela del pueblo, desde los nueve hasta los catorce; le fascinaba leer historias de aventuras y jugar ping-pong. En el patio del colegio había una mesa y se pasaba horas peloteando con sus amigos. "Habría llegado a algo si me hubiera dedicado a entrenar, pero no pudo ser. Era bueno de verdad", recordó sonriente. En 1966, como millones de niños chinos, dejó la escuela: empezaba la Revolución Cultural.

Aprovechando un hueco en su jornada, nos encontramos en el barrio de Fuchengmen, al oeste de la ciudad, en una avenida donde los abuelos entrenan a sus pájaros. Algunas aves están tan bien amaestradas que parecen perros: recogen las monedas de la mano de sus dueños con el pico y responden a los silbidos. Zhang me contó que le habría gustado criar palomas, una afición muy pequinesa prohibida durante la Revolución Cultural. En la lista absurda de actividades proscritas por "obstaculizar el triunfo del socialismo" también figuraba volar cometas.

"Fue una equivocación tratar de borrar la educación y las tradiciones", afirmó, mientras caminábamos bajo los sauces. De esa década tenía un recuerdo muy difuso. En cuanto dejó el colegio empezó a trabajar cargando bultos. "Me viene a la memoria mucho caos. Las diferentes facciones de los Guardias Rojos siempre estaban enfrentándose. Yo no era más que un muchacho, pero me chocaba que la gente de mi edad pudiera insultar a los maestros".

Los Guardias Rojos eran estudiantes de apenas veinte años, paramilitares ignorantes a quienes el presidente Mao movilizó "para luchar contra los burgueses y las élites".[17] En realidad, los manipuló para socavar un ala del Partido, a la que acusaba de ser pro-capitalista, y reforzar su propio poder. Los instó a rebelarse contra sus mayores, algo profundamente contrario a la educación tradicional china. Zhang Xiaodong recuerda cómo los Guardias hicieron desfilar a sus maestros con sombreros de cucurucho y carteles con insultos colgados del cuello, mientras obligaban al resto de alumnos a abuchearlos. La consigna oficial era eliminar los *si jiu* (四旧), los cuatro ingredientes del pasado: "viejas costumbres, viejas ideas, viejos hábitos y vieja cultura".[18] Uno de los carteles propagandísticos de 1967 muestra a un joven destrozando a martillazos un crucifijo, una estatua de Buda y los textos clásicos chinos.

Un culto perverso se instaló en torno a la figura de Mao. En 1969 se vendieron 2.200 millones de chapas con su efigie.[19] Las calles se rebautizaron con nombres "rojos". Se saquearon templos y museos. Las ciudades se vaciaron de estudiantes y profesionales, que fueron enviados a aldeas a aprender de los campesinos.[20] Escritores, filósofos y maestros tuvieron que recoger excrementos de las letrinas públicas como parte de su "reeducación". El Gobierno encerró a muchos en campos de trabajos forzados o los desterró a provincias remotas junto a sus familias. Se cometieron asesinatos, torturas y violaciones toleradas por las autoridades. Murieron millones de personas y el número de suicidios se disparó.[21]

En algunos casos el nivel de atrocidad superó todos los límites: en la provincia sureña de Guangxi se documentaron casos de canibalismo. Los Guardias Rojos mataron, cocinaron y se comieron a varios directores de colegio para celebrar el triunfo de la revolución. En los comedores se exhibieron cadáveres humanos, colgados de un gancho como si fueran vacas. El escritor Zheng Yi, uno de los disidentes más buscados por su participación en las protestas de Tiananmen, asegura que al menos 137 personas fueron devoradas en estas condiciones a finales de los sesenta. No existen pruebas de que Mao estuviera al corriente, pero sí de que varios líderes locales instigaron y encubrieron la barbarie.[22] Se trata de uno de los casos de canibalismo con más implicados del siglo XX: miles de personas participaron en estos banquetes sangrientos para mostrar su lealtad al Partido Comunista.

La paranoia colectiva se apaciguó en 1969, pero la Revolución Cultural no se dio por concluida hasta siete años más tarde, cuando murió Mao. Poco a poco, el país empezó a levantar cabeza, pese a que su economía estaba destrozada.[23] Millones de vidas rotas se recompusieron. En 1977 las universidades volvieron a abrir sus puertas y los intelectuales fueron reinsertándose en la vida pública. Los jóvenes enviados al campo para ilustrarse en la vida obrera pudieron regresar por fin con sus familias. Terminaba una década de pánico que quedó grabada en la memoria colectiva de los chinos y despertó enorme curiosidad entre los expertos en psicología de masas.

A la familia de Zhang Xiaodong la salvó su pobreza. El padre era analfabeto y entre los tres hermanos apenas acumulaban una década de estudios. "Nos trataron bien porque éramos obreros y supuestamente teníamos que gobernar el país, pero nos impusieron muchas normas: por ejemplo, no podíamos cocinar en casa porque las cocinas eran colectivas. A nosotros nos venía bien porque apenas teníamos qué llevarnos a la boca, pero ahora que lo pienso tampoco había alternativa. Fue una época dura". Hasta los maoístas más devotos lo reconocen. Con los años, muchos Guardias Rojos, mortificados por la culpa, se han convertido en los críticos más acérrimos de la Revolución Cultural.[24]

Mientras esperábamos a que se redujera el tráfico, nos sentamos en un banco a ver a los ancianos jugar con sus gorriones. Zhang Xiaodong tenía que volver a la carretera a las siete de la tarde. Le pregunté si había oído hablar de un artículo titulado: "Después de cuarenta y cuatro años, los Guardias Rojos empiezan a disculparse", que conmocionó a la opinión pública china en noviembre de 2010. Fue el primer reportaje sobre este tema en la China continental[25] y lo publicó el *Nanfang Zhoumo*, uno de los pocos diarios semi-independientes. "Sí, algo escuché por la radio en un debate", respondió. "Quizá en otros países sea difícil de entender, pero en

China casi todas las víctimas prefieren olvidar y perdonar. Para qué remover el pasado. Tenemos tantos problemas nuevos que no podemos ocuparnos de los antiguos". Se encendió un cigarrillo y exhaló lentamente el humo por la nariz.

A pesar de todo, Zhang Xiaodong se consideraba maoísta. Llevaba en la cartera una estampita roja con la efigie del Gran Timonel. "El comandante Mao cuidó del pueblo chino y le devolvió el honor", exclamó ufano mostrándome la cartulina. Sentía que la gente como él le debía la vida a Mao por haber llevado médicos a las aldeas. Antes de 1949, en el campo la menor epidemia se llevaba por delante a miles de personas. Mao, que se burlaba del Ministerio de Salud por elitista (lo llamaba "Ministerio de la salud de los hombres urbanos"),[26] implantó un programa de doctores rurales para llevar los cuidados básicos a las aldeas, donde vivía el 80% de la población. Miles de jóvenes fueron seleccionados para recibir una formación médica elemental: aprendieron a poner vacunas, vendar extremidades rotas y prevenir infecciones, entre otras cosas. Se les conocía como "doctores descalzos"[27] porque, como los campesinos, muchos no tenían zapatos.

A partir de 1977, los servicios de salud gratuitos desaparecieron con las reformas económicas y todo el mundo tuvo que empezar a pagar por ir al médico. Una enfermedad grave suponía la ruina. Zhang Xiaodong contrajo tuberculosis y tuvo que pedirle dinero a su hermana para pagar el tratamiento. "Todavía no le he devuelto todo. Afortunadamente la familia está para estas cosas", dijo, apesadumbrado. A muchos extranjeros les cuesta entender que actualmente en China la medicina y la educación son privadas. ¿Pero no era un país comunista?, quieren saber. Eso mismo se preguntaba Zhang Xiaodong.

Desde 2009 el Gobierno está embarcado en la reforma titánica de la salud. La idea es que para el año 2020 la mayoría de la población cuente con un nivel básico de confort y se alcance la *xiaokang shehui* (小康社会),[28] una sociedad moderadamente acomodada y en paz (esto último es esencial para el Partido Comunista, que quiere evitar a toda costa la inestabilidad). Pero mientras la gente siga ahorrando por miedo a ponerse enferma, no habrá forma de activar el consumo.[29] En los primeros dos años se invirtieron 200.000 millones de dólares. Los hospitales y las clínicas rurales recibieron ayudas para comprar equipos y proporcionarle cobertura básica al 90% de la población.[30]

A pesar de los avances, los servicios de salud están lejos de ser universales. Gran parte de los pacientes ni siquiera puede permitirse el copago; los trabajadores migrantes del campo no están cubiertos en las ciudades. Y, algo que escandaliza a Zhang Xiaodong, los hospitales públicos siguen financiándose con la venta de medicinas. Cuantos más medicamentos recetan, más dinero perciben. Los abusos son notorios y las autoridades los reconocen. En algunos hospitales, los precios de los medicamentos se anuncian en grandes paneles electrónicos, como las cotizaciones de la Bolsa.

Zhang Xiaodong estaba convencido de que Mao habría mantenido la medicina gratuita. "El Partido siempre destaca que el nivel de vida de los chinos ha mejorado mucho en treinta años. Cierto. Pero, ¿y las desigualdades? ¿No han aumentado? Los pobres, si contraemos una enfermedad grave, nos morimos. Si yo me enfermo mañana, el tratamiento costaría entre 200.000 y 300.000 yuanes (32.000–47.000 dólares). El Gobierno cubre el 40%, así que yo tendría que pagar 180.000 yuanes (29.000 dólares). No podría juntar ni 10.000. ¿Qué haría, arruinar a la familia? Eso nunca".

Su prioridad era no resultar una carga para sus dos hijos, de veintiséis y treinta y dos años. Ambos trabajaban en la cárcel de Tianjin, una ciudad industrial a poco más de sesenta millas de Pekín. "La niña estudió en una Academia de Policía y consiguió trabajo enseguida en el Departamento de Propaganda. Luego ayudó a entrar a su hermano. A mí no me gusta que trabajen ahí, sobre todo ella. Está en las oficinas, pero a veces tiene que entrar en la prisión y es peligroso. No quiero que le pase nada". A su hijo lo veía cada fin de semana, aún estaba soltero. A su hija, casada, la veía menos porque vivía más lejos, pero le había dado la mayor alegría de su vida: una nieta.

Tenía cinco años y era su absoluta debilidad. Todos la llamaban *ying tao*, Cereza, porque nació un 28 de abril y de regalo su abuelo le llevó una canasta de cerezas de temporada al hospital. "Es listísima", comentó Zhang Xiaodong con una sonrisa que le borró el cansancio del rostro. La veía cada dos o tres meses, cuando podía arañar un par de días libres. "Es el momento más feliz de mi vida. Mi mujer y yo la llevamos al parque y le compramos algún juguete, comemos en un restaurante, la vemos jugar". Podía pasar sin comer para no gastar, pero la visita a Cereza era sagrada. Al mes siguiente pensaba llevarle de sorpresa un grillo. "De pequeño yo tuve muchos *guo guo*.[31] Me encantaba cazar bichos para darles de comer y ponerlos en la ventana para que cantaran más fuerte". Le compraría un *guo guo* en el mercado de animales y lo metería en un frasco de tapa rosa, el color favorito de Cereza.

Para cuando se jubilara tenía varios planes. No sabía aún cuándo sería, pero le gustaba repasarlos: plantar castaños delante de su casa; irse a dormir a las nueve de la noche, y dormir tumbado para curarse las lumbares; y, si conseguía ahorrar, hacer el viaje de sus sueños: Pyongyang. No había salido nunca de China y tampoco tenía interés en visitar otros países, solo Corea del Norte. Estaba convencido de que encontraría allí el Pekín de los sesenta. "Lo he visto en la televisión, el Estado norcoreano se ocupa de la gente. La medicina y la educación son gratis. Es un verdadero país socialista".

Los paquetes turísticos a Corea del Norte se han puesto muy de moda entre los chinos. Para quienes se informan exclusivamente a través de la cadena oficial CCTV (es decir, la inmensa mayoría de la población urbana y prácticamente todos los campesinos con televisión), ir a Pyongyang es un viaje en el tiempo cargado de nostalgia. La propaganda china describe el reino eremita en términos edulcorados. Zhang Xiaodong no había oído hablar en su vida de la hambruna crónica ni de las atrocidades cometidas bajo la dictadura de Kim Jong Il.[32] "Se puede ir en el tren y cuando se visita la frontera con Corea del Sur a los chinos nos dejan acercarnos unos pies más que al resto de los extranjeros",[33] apuntó con ilusión.

Conseguir el dinero para el viaje no sería fácil, pero necesitaba un estímulo. Le aterraba pensar que al jubilarse le quedaría una pensión ridícula, de apenas 1.500 yuanes (235 dólares) al mes. ¿Cómo iba a pagar las medicinas de su mujer? ¿Y si caía enfermo? "Podría haberme dedicado a los negocios, pero no sirvo para eso. Durante un tiempo vendí verduras en Pekín. Las traía del pueblo y las metía en el maletero del coche, pero venían conocidos y me pedían descuentos. Por miedo a quedar mal, nunca les decía que no y acabé perdiendo mucho dinero. Mi mujer estaba furiosa", recordó riéndose. "De momento esto es lo único que sé hacer y tengo que seguir haciéndolo".

Había dejado a un cliente cerca de la Villa olímpica y nos encontramos allí. A unos pies de distancia se alzaba el Nido de Pájaro, el estadio donde China inauguró por todo lo alto sus Juegos de 2008. Compramos unas *jiangbing*, una especie de tortitas de harina rellenas de verduras y tofu, a una señora que las preparaba en el momento, y nos sentamos en el borde de la acera a ver anochecer.

Me contó que Lu y Xiao Lin, los taxistas con los que habíamos almorzado, habían hecho huelga esa semana para exigir un trato más digno, junto con varios miles de colegas. Él no se había atrevido: no tenía esperanzas de que mejoraran sus condiciones y temía las represalias de sus jefes. "¿De qué sirve pedirle al Gobierno que nos ayude? Hay miles de empresas, las autoridades no pueden ocuparse de todas. Demasiada corrupción. No hay nada que hacer", zanjó. Parecía contrariado. "No sé qué pensar. Lo hablo con muchos clientes. Pekín está más desarrollada que nunca. Nunca habíamos tenido la sensación de poder comprar tantas cosas. Pero no creo que mis hijos puedan hacerse ricos. Si no tienes dinero ni contactos, nadie te ayuda. Los hijos de los políticos son los que consiguen los buenos trabajos. Los de la gente corriente como yo, no. La próxima generación de políticos chinos estará formada por los hijos de los que gobiernan hoy. Y los pobres seguiremos siendo los esclavos".

¿Creía que esto no habría pasado con Mao?, le pregunté. Porque también entonces la corrupción había alcanzado niveles escandalosos. "Es verdad. Yo creo que el sistema político en China es bueno, pero falla la corrupción. Sin embargo, la gente se queja poco; los chinos rara vez criticamos al Gobierno. No queremos problemas. La gente tiene miedo de que la metan en la cárcel o de perjudicar a sus hijos", explicó.

Pero, le contradije, la mayoría de la gente cuando cogía confianza hablaba de política y criticaba la corrupción y el nepotismo del Partido. Yo misma había charlado muchas veces de política con otros taxistas. Me los había encontrado de todos los colores: devotos del Partido, cínicos, incendiarios, retorcidos, nihilistas, pervertidos, románticos, y a casi todos les gustaba charlar. ¿Acaso no se confesaba él con sus clientes?

Soltó una carcajada que terminó en tos ronca. Escupió con fuerza antes de responder.

"¡Qué preguntones son ustedes los extranjeros! Cada persona es diferente. Yo hablo de política con los compañeros que conozco, pero con los clientes, no".

¿De qué hablaba entonces?

"Te sorprendería saber lo que se puede aprender de los desconocidos. En estos años he conocido a muchos personajes en Pekín.

Hay gente muy extraña. Mujeres que me preguntan si van bien maquilladas porque van a una cita… ¿Cómo voy a saber si van bien maquilladas? El otro día se montó una jovencita, yo creo que era prostituta o bailarina de algún karaoke. Empezó a hablar sin parar. Me contó que tenía un novio nuevo de Henan, que era unos años más joven que ella, y que no confiaba en él. La chica me decía: 'Señor conductor, ¿usted cree que los hombres de Henan son buenas personas? Me han dicho que son muy mentirosos'. Empezó a quejarse de que el tipo le había pedido matrimonio, pero que no se preocupaba por ella lo suficiente. Creo que era un poco neurótica. La dejé en la puerta de una sala de fiestas".

10

✦✦✦✦✦

La peor cara de China

Corría marzo de 2008 y teléfonos no paraban de sonar esa tarde en la oficina de una de las mayores televisiones extranjeras en Pekín.[1] A Linda, la única empleada china, le tocó atender todas las llamadas. La primera vez que levantó el auricular se quedó boquiabierta al escuchar una retahíla de insultos al otro lado. "¡Bastardos mentirosos!", le gritó una voz furiosa antes de colgar. Cientos de personas llamaron para quejarse de la manera en que la cadena cubría las revueltas en Tíbet. Algún exaltado llegó a amenazar de muerte a los corresponsales. Para Linda, que llevaba apenas dos semanas en la empresa, fue una pesadilla. Al darse cuenta de que era china, sus compatriotas al teléfono la tachaban de traidora. "¿Cómo puedes trabajar para el enemigo?", la increpaban.

En lo alto del Himalaya, Lhasa, la capital tibetana, era en esos días un campo de batalla. Vivía la peor escalada de violencia en dos décadas. Cientos de tibetanos salieron a protestar en contra de lo que calificaban de opresión cultural y religiosa por parte de China,

177

justo cuando se cumplían cuarenta y nueve años de la rebelión fallida contra Pekín de 1959. La mecha se prendió cuando la policía china mató a cuatro monjes tibetanos, según la organización Free Tibet.[2] Un grupo de tibetanos arremetió contra sus vecinos *han* (la etnia mayoritaria en China), mataron a varios,[3] e incendiaron edificios oficiales, tiendas y vehículos. Aterrorizados, muchos comerciantes *han* huyeron de la ciudad. Pekín reaccionó enviando a decenas de miles de soldados a la región. Según fuentes tibetanas en el exilio y Amnistía Internacional, las tropas chinas tomaron Lhasa y dispararon con munición real. Fueron casa por casa buscando a los participantes en las revueltas. Se llevaron a todo el que tenía un retrato del Dalai Lama en su casa y cientos de tibetanos desaparecieron.[4] Las protestas y represalias se extendieron a las provincias limítrofes con población tibetana. El secretario del Partido Comunista en Tíbet habló de una "batalla a sangre y fuego contra la camarilla del Dalai Lama".

Cuando vio las primeras imágenes, Linda no podía creerlo. La frustración llevaba años larvándose entre los tibetanos, pero para muchos *han* como ella no se hizo patente hasta que estallaron las revueltas. Los medios oficiales no mostraban los suicidios de los monjes y los simples ciudadanos que se prenden fuego para hacer patente su desesperación.

Estaba gestándose un episodio histórico, uno de esos momentos que evidencian hasta qué punto China es una olla a presión, pero los medios internacionales solo podían cubrir a distancia los acontecimientos. Entrar en Lhasa era imposible y los controles se habían extendido a las provincias aledañas.[5] Los corresponsales se mordían los nudillos y citaban fuentes enfrentadas que manejaban datos totalmente distintos, sin posibilidad de comprobarlos. Los tibetanos en el exilio hablaban de tiros, arrestos indiscriminados y redadas masivas por parte de las tropas chinas. Pekín culpaba del baño de sangre a los tibetanos violentos. Aseguraba que los había organizado el Dalai Lama para boicotear los Juegos Olímpicos que se celebraron ese agosto.

Varios medios extranjeros situaron por error en China imágenes de policías golpeando a monjes tibetanos que en realidad correspondían a Nepal y a India. Aunque algunos se disculparon,[6] el incidente dio argumentos a Pekín para decir que los medios occidentales tomaban partido por los tibetanos. Según la propaganda oficial, Occidente quería frenar el ascenso de China y ensuciar su imagen antes de la esperada cita olímpica. Este ambiente caldeado fue el que llevó a muchos chinos a llamar a la redacción de Linda.

Pocos temas perjudican más la imagen de China en el exterior que la situación de Tíbet, una región autónoma[7] con sentimiento nacional muy arraigado y su propia lengua, etnia, cultura y religión. Para Pekín, forma parte de China desde el siglo XIII, cuando ambas fueron conquistadas por los mongoles. Los tibetanos discuten esta versión, y la Historia da argumentos a ambas partes. Hasta el siglo XX, la región se mantuvo más o menos próxima al Gobierno chino y, entre 1913 y 1915, disfrutó de cierta independencia de facto. Tras vencer en la guerra civil a los nacionalistas del Kuomintang, Mao Zedong envió a Tíbet al Ejército Popular de Liberación para hacerse con el control de la región. En 1951 llegó a un acuerdo con el Dalai Lama, la máxima autoridad tibetana, que no se opuso a la soberanía china. Sin embargo, la relación se degradó y el deterioro desembocó en el alzamiento fallido de 1959 contra China y la huida posterior del Dalai.[8] Hoy vive en Dharamsala, India, donde regenta el gobierno tibetano en el exilio. Desde allí pide autonomía para Tíbet, no la independencia ni la secesión de China. Son las nuevas generaciones de tibetanos nacionalistas, sobre todo los que viven en el extranjero, quienes abogan por la independencia.

Pekín sostiene que liberó a Tíbet de la miseria y del vasallaje de los señores feudales. Que ha conseguido elevar la esperanza de vida, y mejorar la sanidad y las infraestructuras en la región. En las últimas décadas, ha invertido miles de millones de dólares en llevar carreteras hasta uno de los lugares más inaccesibles del planeta y en un tren bala que une Pekín con Lhasa (2.500 millas) en 48 horas. Para los tibetanos en el exilio, las inversiones, lejos de ser altruistas, responden a una colonización en toda regla. Insisten en que Pekín ha fomentado la emigración de chinos de etnia *han* a la región, relegando a los tibetanos a una posición secundaria. Los *han* dominan hoy la economía. El Partido Comunista chino mantiene la región bajo control extremo: tiene desplegados a miles de soldados, no admite periodistas extranjeros salvo en viajes oficiales supervisados, y vigila los monasterios y a los periodistas, blogueros y escritores tibetanos. Algunos están en la cárcel por haber enviado información al extranjero. La Federación Internacional de Derechos Humanos habla de "violaciones sistemáticas y flagrantes de los derechos humanos y las libertades fundamentales" por parte de Pekín. Cientos de personas han sido obligadas a acudir a clases de adoctrinamiento por haber viajado a India a recibir clases del Dalai Lama.

A Linda, la joven periodista, le impactó ver tanto odio acumulado en sus compatriotas. "Me di cuenta de que la gente en China está mal, que lleva una vida muy dura y es profundamente infeliz. En el caso hipotético de hubiéramos cometido un error, la audiencia puede llamar y quejarse, pero no amenazar de muerte. Es una reacción totalmente desproporcionada. Las llamadas eran una excusa para soltar mucha frustración. Pensé que algo debía andar muy mal en la sociedad china si la gente tenía todo eso dentro".

Lo que más le llamó la atención era que la gente que llamaba a amenazar no podía haber visto la cadena donde trabajaba ella. Primero, no hablaban inglés. Segundo, ¿cómo podían haber seguido la cobertura sobre Tíbet si la emisión se había censurado dentro de China? Eso demostraba que las revueltas en Tíbet habían pasado a otro nivel. La propaganda azuzaba con ellas el orgullo patriótico. Los *fengqin*,[9] jóvenes nacionalistas (literalmente, "jóvenes enfadados"), llenaron los foros de Internet con arengas contra los medios occidentales y referencias al pasado colonial. China tenía que levantarse, decían.

Una fracción de los enardecidos *fengqin* sí sabía inglés y había seguido por Internet la cobertura de los medios internacionales. Dentro de esa élite había varios amigos de Linda, que opinaban que Occidente tomaba posiciones basándose en sus prejuicios contra Pekín. Les parecía lamentable que las estrellas de Hollywood abrazaran la causa del pueblo tibetano sin mencionar los intereses estratégicos que Rusia, Reino Unido y Estados Unidos han tenido históricamente en la región o que la CIA envió dinero al Dalai Lama durante años.

Para algunos, era la resistencia pasiva de los tibetanos, el hecho de que se prendieran fuego en vez de poner bombas, lo que les granjeaba apoyo en el extranjero. Pekín nunca renunciaría a Tíbet porque era una mina de recursos naturales, situada en un lugar estratégico. Ceder a las pretensiones de autonomía del gobierno tibetano en el exilio crearía un precedente en Xinjiang, otra región autónoma donde China tiene un problema similar con los musulmanes de etnia uigur. Linda estaba harta de escuchar la misma conversación cuando salía a cenar. "Era un tema comodín, alguien comentaba que el mundo estaba contra China y lo más fácil era dejarse llevar. Los chinos recibimos una educación gregaria. Yo misma habría estado siguiendo a la masa si hubiera trabajado en otra cosa".

El primer mes en la cadena fue un aperitivo de lo que se le venía encima. En 2008, en China ocurrieron más cosas que en otros países durante una década. Antes de los Juegos Olímpicos, muchos medios que nunca habían interesado en China, salvo en caso de catástrofes naturales y solo si sumaban miles de muertos, empezaron a pedir información sobre su crecimiento económico, sus problemas sociales y aquella misteriosa institución llamada Partido Comunista.

Linda nunca había mirado su país bajo el prisma de una televisión occidental. Como asistente de producción, su tarea era buscar temas e interlocutores que pudieran resultar interesantes, conseguir datos y permisos de grabación y traducir las entrevistas. Uno de sus primeros encargos fue investigar las expropiaciones forzosas. Desde el año 2000, decenas y quizá cientos de miles de personas[10] habían sido expulsadas de sus casas para construir los estadios olímpicos y modernizar la ciudad. Las autoridades les ofrecían cambiar de casa; unos aceptaban y otros no. Algunas familias estaban encantadas de mudarse a un apartamento nuevo en las afueras porque al fin tendrían inodoro y calefacción. Otros reconocían que los apartamentos eran mejores, pero luego se daban cuenta de que tardaban una hora más en llegar al trabajo, los barrios nuevos no tenían la misma vida, y perdían el contacto con sus vecinos. Y se hundían.

Muchos se negaban a mudarse porque les ofrecían compensaciones irrisorias, muy por debajo del precio comercial. Había casos más dramáticos de gente que no había visto ni un yuan de indemnización. Linda y sus compañeros visitaron a personas que, por oponer resistencia, habían recibido palizas de matones contratados por los promotores inmobiliarios. A algunos vecinos les habían echado encima las excavadoras en medio de la noche. La joven periodista habló con algunos peticionarios que intentaban llevar su causa ante la justicia, para incomodidad de las autoridades.[11] "¡Eran gente tan normal!", me dijo. "Me impresionó lo fácil que podía ser acabar como ellos, perdiéndolo todo, indefensos". En algunos barrios de casas bajas que siguen en pie en el centro de Pekín aún pueden verse los panfletos con la propaganda gubernamental: "Aprovecha esta oportunidad. Cuanto antes te mudes, antes harás realidad tu sueño". O bien: "No hagas caso a los rumores, confía en el Gobierno".

Las expropiaciones forzosas no son nada nuevo en China. Desde que empezaron las reformas económicas en los años ochenta, al menos cuarenta millones de campesinos han visto expropiadas sus tierras.[12] El sector inmobiliario surgió en esos años. Creció y creció, espoleado por dos factores: China necesitaba albergar más población en las ciudades y los gobiernos locales tenían que financiarse. Casi el 80% del presupuesto de planeación urbana se obtiene vendiendo tierras a promotores inmobiliarios.[13] Las autoridades locales usan parte del beneficio para pagar las indemnizaciones y se quedan con el resto. Cuanto menor sea la compensación destinada a los vecinos, más se embolsan las arcas municipales y los promotores.

En teoría, los ciudadanos que no estén conformes pueden demandar al Estado. En la práctica, los tribunales se niegan a oír sus casos por presión de las autoridades y los empresarios. Quien se empeña en protestar paga un precio muy alto. El Gobierno reconoce que el problema afecta a todo el país, pero solo ha emprendido reformas legales mínimas. Durante los Juegos Olímpicos, las autoridades pregonaron que la gente tendría derecho a manifestarse, siempre que pidiera permiso y lo hiciera en zonas acordadas. Nadie pudo manifestarse y quienes lo intentaron fueron víctimas de represalias. Varios ciudadanos terminaron en la cárcel o bajo arresto domiciliario por organizar protestas.[14]

"Es irónico que digan que vivimos en la nueva China. Muchos problemas, como las expropiaciones o la desigualdad entre pobres y ricos, datan de hace siglos", comentó Linda. No le impactaban en sí estas injusticias. Pero se le habían quedado grabadas las caras de las personas apaleadas, de los abuelos llorando entre las ruinas de lo que habían sido sus casas. A la mayoría de chinos que trabajaban para medios extranjeros les ocurría lo mismo. Linda me explicó que lo hablaban cuando se veían para comer y en un foro de Internet donde compartían consejos y recursos. El año olímpico fue especialmente duro para ellos. Se sentían en el deber de denunciar las atrocidades que se producían entre bambalinas, y a la vez muy culpables por criticar a su país, porque creían que también tenía cosas buenas.

Linda tenía fama de ser una pieza clave en su trabajo. Muchos medios occidentales habrían pagado por tenerla como productora: tenía reflejos, sabía sacarle punta a las historias y cuando quería algo, no descansaba hasta conseguirlo. Sin embargo, me confesó que no tenía vocación de periodista. De adolescente no leía periódicos ni pertenecía a esa minoría de estudiantes ávidos de conocimiento que trafican con películas y libros prohibidos. Solo entró a trabajar en un medio extranjero por la curiosidad de saber cómo funcionaba el mundo.

Habíamos coincidido algunas veces por trabajo, pero nunca teníamos ocasión de hablar. En las ruedas de prensa se sentaba en primera fila, garabateando a toda velocidad en un bloc de notas y atendiendo dos teléfonos a la vez. Cuando la llamé por primera vez le interesó mucho el proyecto de este libro, pero se negó a aparecer en él por miedo a que pudiera pasarle algo a su familia. Su madre había trabajado para el gobierno de Wuhan, su provincia natal, y su padre, en una empresa estatal, y ambos estaban jubilados. Pero, ¿y sus primos y tíos? "En China nunca se sabe qué consecuencias pueden tener estas cosas", me dijo. Como su historia era demasiado buena para no incluirla, le pedí que estableciera ella las reglas para sentirse segura. Fueron tres: no aparecería su nombre real, no especificaría en qué medios había trabajado y tampoco hablaría de sus experiencias más turbulentas con las autoridades.

En nuestra primera cita fuimos a un café que le gustaba en el barrio de la Torre del Tambor. Era un sitio luminoso, con pretensiones bohemias, lleno de sofás desparejados y de libros. Linda pidió una tarta de pera y un refresco y empezó a preguntarme cosas. Parecía que estaba entrevistándome ella a mí. Quería saberlo todo: qué había hecho antes de llegar a China, si tenía hermanos, cómo editaba el sonido de mi grabadora. Era una curiosa empedernida, muy espontánea y tenía un gran sentido del humor. Al hablar abría mucho los ojos y movía las manos en todas direcciones. Nada que ver con la periodista seria de las ruedas de prensa.

Comía muy despacio, desmigajando la tarta con el tenedor y reservando los trozos de pera para el final. Me contó que desde pequeña tomaba sus decisiones con una sola idea: aprender. Quería entrar como fuera en Beida, la Universidad de Pekín, que le parecía lo máximo de la intelectualidad. Lo consiguió presentándose a una de las carreras más exóticas sobre la Tierra: filología urdu. "El urdu es el idioma unitario de Pakistán, como el mandarín en China. Es una mezcla de persa y árabe", explicó. "Ya sé inglés y chino, así que miré el mapa y me dije: voy a aprender algo a medio camino". La universidad le brindó algo que llevaba tiempo esperando. "Por primera vez tuve que pensar y elegir, porque hasta entonces solo había aprendido mecánicamente. Era maravilloso sentir que mi cerebro estaba realmente vivo, cuestionarme todo, mientras mis compañeros y profesores hacían lo mismo. Pasábamos horas reflexionando sobre por qué la gente se enfada, qué es una ciudad, el concepto de la maternidad… Cuando empiezas a trabajar no tienes mucho tiempo de pensar en cosas que no son inmediatamente útiles. Mi madre quería que estudiara Economía. Quizá fue egoísta por mi parte no escoger algo que me permitiera ganar más y ayudar a mi familia, pero no quería terminar siendo una persona rica y confundida sobre el mundo".

Entonces aún no barajaba como opción el periodismo. "No tenía una idea formada de los medios, ni chinos ni extranjeros. No sentía esa necesidad de sacar noticias a la luz. Quería ver el mundo, acumular experiencias y aprender". Hasta que ocurrió algo que le cambió la vida: Pervez Musharraf, entonces presidente de Pakistán, visitó Pekín y ofreció una recepción para diplomáticos y estudiantes de política exterior. A la promoción de filología urdu le enviaron por cortesía la invitación. Era un encuentro protocolario, pero Musharraf quiso dar una imagen de diálogo y abrió un turno de preguntas a los jóvenes. Linda levantó la mano. "Mi pregunta fue muy suave: Presidente, ¿cómo cree que Naciones Unidas debería ayudar a resolver el problema del terrorismo en Pakistán? Pero hablé en urdu y todos los diplomáticos se fijaron en mí. Se hizo un silencio en la sala y Musharraf me contestó: Señorita, como habla mucho mejor urdu que yo, permítame que le conteste en inglés", dijo riéndose.

Le gustó la sensación de formularle una pregunta a alguien con quien normalmente no podría relacionarse. "Caí en que si me hacía reportera podría acceder a personas y lugares". Unos meses después, en la recepción con motivo del Día Nacional de Pakistán, abordó al Embajador paquistaní en Pekín y le preguntó si se acordaba de ella. Cómo no recordar a la estudiante que sorprendió al presidente, le contestó el político. "Le dije que cuando terminara la carrera quería ser periodista y le pedí que me ayudara a conseguir unas prácticas en un medio de comunicación pakistaní".

A los pocos meses aterrizó en Islamabad.

Llegó en un vuelo desde Nueva Delhi. En el aeropuerto la esperaba un funcionario paquistaní. "Me llamó por mi nombre urdu, Yahaara, que quiere decir "adorno del Universo". Agarró mi maleta llena de polvo y nos montamos en el coche oficial. Era la primera vez que veía un coche con una mesita en la parte de atrás. En el camino a la ciudad me habló de la geografía y la historia del país, como si fuera una diplomática", relató Linda. "China y Pakistán tienen una relación especial que quieren enfatizar para presionar a India. Imagino que mi viaje simbolizaba un gesto de amistad".

El funcionario la llevó a uno de los mejores hoteles de la ciudad. Acostumbrada a pernoctar entre mochileros cuando viajaba, Linda le explicó que no podía permitírselo. Él le contestó que no se preocupara: el Ministerio de Exteriores se encargaría de todo. "Fue una escena muy cómica. Yo había traído desde Delhi un trozo de pizza que me había sobrado para comer. El señor, amabilísimo, me subió todo el equipaje y se quedó mirándome en medio de la habitación de lujo, con su cama enorme y sus sofás. Señaló la caja de la pizza y me dijo: señorita, ¿Necesitará esto? Creo que está un poco frío", explicó soltando una carcajada.

Las prácticas consistieron en seguir a los redactores de un diario local y de la televisión GEO durante un mes en Islamabad, Lahore y Karachi. No publicó nada, solamente podía preguntar y tomar notas. Notó que sus jefes estaban preocupados por su seguridad porque los ataques terroristas eran frecuentes. "Estaban obsesionados con la seguridad de los extranjeros. En Karachi mi hotel estaba justo enfrente del restaurante donde secuestraron y asesinaron a Daniel Pearl, el periodista del *Wall Street Journal*",[15] relató. Le pregunté si había pasado miedo. "Era muy joven e imprudente. Nunca pensé que pudiera ocurrirme algo. Fuera de la habitación del hotel había un tipo armado con una bayoneta. El primer día llamó a la puerta y me dijo en urdu: 'Estoy aquí para protegerte. Si sales, te seguiré'. Le dije que no quería que me siguiera porque llamaría más la atención. Contestó que tenía que firmar un papel si no quería vigilancia. Y firmé. No volvería a hacerlo ahora".

El mes en Pakistán le abrió el apetito por el periodismo internacional. De vuelta en China buscó una escuela prestigiosa donde especializarse. No consiguió entrar en la universidad de Columbia, pero la aceptaron en un máster en Londres, donde por primera vez se rodeó de adictos a la información. Sus compañeros estaban al tanto de todo lo que ocurría en el mundo; le recomendaron cientos de libros y documentales que le cambiarían la vida. Con el corazón en vilo siguieron juntos las imágenes del terremoto de Cachemira que provocó la muerte de más de setenta y cinco mil personas el 8 de octubre de 2005. Era sábado, día lectivo en esa región entre India y Pakistán, y el temblor sorprendió a miles de niños en las aulas. La reconstrucción se anunciaba complicada. Linda pasó los meses siguientes retomando el contacto con los reporteros locales que conoció durante sus prácticas y con la comunidad paquistaní de Londres. Decidió que su proyecto de fin de máster sería un documental sobre los supervivientes. Unas cuantas ONGs le ayudaron a organizarlo todo.

"Llegué a las montañas de Cachemira en una camioneta vieja, con unos desconocidos que me presentó una organización humanitaria", me contó. "Las carreteras estaban destrozadas. En algunos tramos no se veía el borde del camino. Ahora lo pienso y no sé cómo hice: viajar durante un mes con una cámara, un trípode, reflectores, la mochila. Acababa de aprender a usar el equipo en clase y nunca había producido sola una historia. Pero me dejé llevar. Era alucinante estar allí. Me metí en las tiendas de los refugiados que lo habían perdido todo pero aun así me ofrecían la comida que tenían. Todo el tiempo pensaba: Qué suerte tengo de estar viendo esto. Cuántas vidas diferentes hay en este mundo".

Envió el documental al festival *New Horizon* de la cadena Al Jazeera, que entonces no era tan conocida internacionalmente pero tenía buena reputación entre los estudiantes de su escuela londinense. "Decían que era un medio moderno, imparcial en comparación con la BBC y la CNN", explicó Linda. Quería quedarse a trabajar en Londres, pero para un ciudadano chino es complicado conseguir la visa. "Faltando pocos meses para que expirara mi visa de estudiante, me comunicaron que mi documental había resultado nominado para el festival, que era en Doha. Si salía de Reino Unido, no me dejarían volver a entrar. Pero algo me decía que tenía que ir, así que empaqué todas mis cosas, metí las cajas en el cuarto de un novio que tenía y me fui al festival".

Una cosa llevó a la otra. En el certamen conoció a su futuro jefe, que quedó impresionado con aquella chica despierta que hablaba a la perfección urdu, mandarín e inglés. La oficina de Al Jazeera en Pekín necesitaba una asistente y ella parecía la candidata ideal. Para Linda, era también una ocasión ideal de asomarse al periodismo internacional sin correr demasiados riesgos. Al Jazeera había nacido con la vocación de contrarrestar la voz anglosajona predominante en los medios y por esa época no mantenía demasiadas fricciones con el Gobierno chino.[16] Durante los ocho meses que pasó en la oficina de Pekín, Linda prácticamente no salió de la redacción. Su labor era actualizar datos y traducir. "Fue interesante, pero quería más. A los veinte años, una vez has aprendido a hacer algo, necesitas avanzar. Una vacante se abrió en una cadena americana y me presenté".

Su vida sería muy distinta si trabajara en un medio local. En primer lugar porque la misión de un periodista chino no es mostrar los hechos de forma objetiva, sino "servir al socialismo y al Partido comunista", como indicó el propio presidente Hu Jintao antes de los Juegos Olímpicos. En la facultad reciben horas y horas de formación ideológica. Una joven aspirante a reportera en Pekín me confesó una vez que nadie de su promoción quería trabajar en la sección de política porque la presión era insoportable. Ella se había especializado en deportes y sus amigas, en entretenimiento y economía. La prensa financiera también les parecía una buena opción: sin pudor, reconocían que las empresas compraban a los reporteros con regalos y viajes.

El periodista chino no puede avergonzar a un político en directo. Pekín espera que sea un brazo ejecutor del Gobierno, que le ayude a influir en la opinión pública. Todo lo que se salga de ahí es un riesgo. En lo que se refiere a libertad informativa, su país es un auténtico drama. China ocupa el puesto 174 de 179 en la clasificación de Reporteros Sin Fronteras, solo por delante de Irán, Siria, Turkmenistán, Corea del Norte y Eritrea.[17] Al menos veintisiete periodistas están en la cárcel por escribir artículos sobre la democracia, la matanza de Tiananmen, escándalos medioambientales, revueltas étnicas o temas que hayan dejado en evidencia al Partido Comunista.[18] Un caso dramático fue el del escritor Tan Zuoren, famoso entre los activistas, que viajó a Sichuán tras el terremoto de mayo de 2008. Más de cinco mil niños murieron sepultados bajo sus escuelas, construidas con materiales de pésima calidad por cuenta de la corrupción local. Tan escribió un informe documentando este escándalo que el Gobierno se encargó de silenciar. Fue condenado a cinco años de prisión en 2010.[19]

Cada día, los medios reciben instrucciones directas del Departamento de Propaganda sobre qué pueden cubrir y cómo, en comunicados de este tipo:

"Todos los medios deben informar con cuidado sobre las expropiaciones de tierras. No cuestionen las demoliciones legítimas, no apoyen a los que piden compensaciones no razonables, no informen sobre incidentes relacionados con las demoliciones forzosas, tales como suicidios, autolesiones de los propietarios o protestas. No destaquen los pocos casos extremos. No se permitirán reportajes sobre el tema o enlazar unos casos con otros".

O bien:

"En lo que concierne al incidente fatal del tren K256 del Ministerio de Ferrocarril de Shanghái en el cual un pasajero murió por un altercado con miembros de la tripulación, los medios no llevarán a cabo investigaciones independientes sino que esperarán al comunicado de prensa del Ministerio".[20]

Al Departamento de Propaganda los periodistas e internautas lo llaman irónicamente *zhenli bu* (真理部), el Ministerio de la Verdad, en referencia al de *1984*, la novela de George Orwell. Un autor anónimo publica un conocido blog llamado *Zhenli Bu*, que recoge todos los asuntos proscritos por la propaganda oficial.[21] Es una de las mejores herramientas para conocer lo que pasa dentro de los medios.

Taiwán, Xinjiang y Tíbet encabezan la lista de los temas más delicados para los periodistas chinos. La isla de Taiwán es un Estado independiente en la práctica desde los años cincuenta, pero China la considera una provincia rebelde. Lleva reclamándola como propia desde el fin de la guerra civil en 1949, cuando los nacionalistas, que perdieron la contienda, se refugiaron en la isla, mientras Mao Zedong subía al poder en la China continental. Desde 2009, las relaciones entre Taipei y Pekín se han suavizado mucho: ya existen vuelos directos entre ambas ciudades y un tratado de libre comercio con muchas restricciones. Aun así, el pulso continúa: China tiene centenares de misiles apuntando a la isla y declara que la recuperará a la fuerza si es necesario. Estados Unidos es el gran aliado de Taiwán y su principal proveedor de armas.

Xinjiang supone un problema similar a Tíbet para el Partido Comunista. Ambas son regiones autónomas ubicadas estratégicamente en el mapa, con un subsuelo riquísimo en gas y petróleo. Xinjiang atravesó períodos de autonomía e independencia a lo largo de la Historia, pero fue tomada por los chinos en el siglo XVIII. Desde los años cincuenta, Pekín ha fomentado la emigración de población *han* a la región, donde la mayoría étnica son los uigures musulmanes. Tienen una lengua propia (el uigur, que viene del turcomano) y son profundamente nacionalistas. Al frente de su organización en el exilio, el Congreso Mundial Uigur, está Rebiya Kadeer, conocida como "madre de la diáspora uigur". Para ella la ocupación china se compone de represión, violencia y opresión económica. En 2009 en la región estalló la violencia étnica: decenas de uigures y chinos *han* murieron de forma violenta, hubo centenares de arrestos y la provincia quedó sellada y aislada del exterior durante meses.

Toda información sobre estos tres temas está absolutamente controlada. Pero hay otros. Por ejemplo, en caso de accidentes o catástrofes, todos los medios han de esperar los comunicados del Gobierno o ir a remolque de lo que emita el canal CCTV. No se permiten las conexiones en directo con periodistas en la zona. Las noticias sobre expropiaciones forzosas y escándalos medioambientales o alimenticios deben abordarse siempre desde la retórica oficial y "sin mencionar los casos extremos". Las protestas, unas cien mil al año según la Academia de Ciencias Sociales, no se pueden abordar en conjunto, como un problema social.[22] Tampoco está permitido emplear el término "sociedad civil", cuestionar la reforma política o adoptar una postura contraria al Gobierno. A los editores que infringen esas normas los despiden. Algunos columnistas históricos han sido condenados al ostracismo por negarse a rebajar el tono.

Es un panorama deprimente, como reconocen muchos reporteros. La mayoría termina resignándose a escribir lo que les mandan y completan su salario acudiendo a todas las convocatorias de prensa que pueden, donde las empresas les obsequian con los famosos sobres rojos con dinero. Los sobornos están tan extendidos que a los reporteros no les da vergüenza reclamarlos. Una amiga de Linda, del diario británico *Financial Times*, vivió una situación surrealista en una rueda de prensa en Pekín: la compañía que organizaba el acto le entregó el dossier informativo con el consabido sobre dentro. Volvió al mostrador donde estaba el equipo de relaciones públicas para devolverlo. Le suplicaron que se quedara con él. Estaban en esas cuando oyó a dos periodistas locales discutiendo con otra chica del equipo. "Es injusto", le decían, "somos del mismo medio pero trabajamos en secciones distintas, ¿por qué nos dan un solo sobre?"

Entre los que se vuelven activistas y sacrifican su puesto de trabajo y los que agachan la cabeza existe un término medio: los reporteros que se contentan con colarle de vez en cuando un tímido gol a la censura. En 1991 causaron gran revuelo varios editoriales en el Diario del Pueblo, la voz del Partido, firmados por un tal Huangfu Ping, que alababan la controvertida apertura económica de Deng Xiaoping. En realidad se trataba del periodista Zhou Ruijin, antiguo redactor jefe adjunto del diario, que no se atrevió a firmar bajo su nombre real pero consiguió generar debate dentro y fuera del Partido durante meses. En junio de 2011 el columnista Xiao De, del *Guiji Xianqu Daobao*, escribió que la sociedad china se estaba volviendo "invivible". Y en referencia al mal gobierno de algunos políticos locales, subrayó: "Cuando un funcionario del Estado tiene como único objetivo cobrar sobornos, no debe asombrarnos que gobierne de forma absurda, sin ninguna conciencia ni escrúpulo y sin actuar como garante de la ley. Redactar leyes es fácil; es más complicado construir una moral común".

Los límites no están claros, pero todos saben que hay ciertos temas claramente peligrosos. En 2010, la revista *Caijing* dedicó un especial[23] a la corrupción de los funcionarios de las últimas dos décadas pero nunca ha cuestionado la legitimidad del Partido Comunista. Internet, un territorio censurado, pero con más zonas grises, está permitiendo ir más allá. Gracias a los microblogs han salido a la luz grandes reportajes de investigación. Los censores pueden tardar unas horas en bloquear un comentario de denuncia y los periodistas aprovechan ese lapso para hacerse con la información. Gracias a Internet, editores como Zhang Hong, subdirector del semanario *Economic Observer*, se salen discretamente con la suya cuando consideran que una noticia merece publicarse. Cuando en Japón se produjo el desastre nuclear de Fukushima en marzo de

2011, en algunas ciudades chinas se disparó la venta de sal porque se suponía que ingerir yodo reduciá las posibilidades de enfermarse a causa de la radiación. El *Economic Observer* publicó un reportaje titulado: "Pánico en Cantón, Shenzhen y Dongguan; la sal yodada se agota, el pánico nuclear se extiende en Japón". En cuestión de minutos, Zhang Hong recibió una llamada de los censores. El Gobierno no quería alarma social. El periodista cambió parte del titular, que quedó así: "Pánico en Cantón, Shenzhen y Dongguan; las autoridades dicen que las existencias de sal son suficientes", pero no borró el cuerpo de la noticia. Son victorias pírricas y los reporteros lo saben, pero insisten en que por algo hay que empezar.

"Cuando algunos extranjeros critican a los periodistas chinos, y nos meten a todos en el mismo saco, me sienta muy mal. Hay reporteros de investigación muy buenos en este país y se juegan la vida. Desde fuera es muy fácil criticar el periodismo chino", decía Linda. En su opinión, no se podía culpar a nadie de no querer meterse en problemas. "Yo creo que como periodistas hay que tirar lo más posible de la cuerda y desafiar al poder. Pero no esperar que quieran hacerlo los demás. Creo que los extranjeros deben dejar de darnos lecciones de periodismo porque aquí nada es gratis".

Los corresponsales extranjeros reciben mejor trato en China que los reporteros locales. Pero eso no quiere decir que resulte sencillo trabajar. Por la censura, Internet funciona a trompicones, sobre todo cuando se acercan fechas comprometedoras, como el aniversario de la matanza de Tiananmen. La burocracia es exasperante y el acceso a fuentes oficiales, muy limitado. Entrevistar a un ministro resulta impensable. Como mucho, se puede contar con un subalterno y antes hay que enviar faxes al Ministerio, entregar por adelantado las preguntas y detallar el propósito de la entrevista a unos y otros para que nadie se ofenda en la cadena de mando. Todo lo contrario que los académicos chinos, que casi siempre se prestan amablemente a charlar.

Muchos medios extranjeros tienen sus oficinas en urbanizaciones donde solían alojarse diplomáticos. Un corresponsal francés encontró una vez un micrófono oxidado detrás del aparato de aire acondicionado. Seguramente el artefacto llevaba allí años y había servido para espiar a un funcionario extranjero, pero durante un tiempo bromeamos con que no podíamos bajar la guardia: el Gran Hermano nos vigilaba. Más allá de lo cómico, es un hecho que se monitorean los correos electrónicos y las llamadas telefónicas de algunos periodistas. De vez en cuando las autoridades llaman a los asistentes chinos para sonsacarles información: en qué trabaja el corresponsal, con quién habla, cuándo publicará el reportaje. A muchos les han ofrecido dinero a cambio de detalles.

Es complicado pasar inadvertido. Sobre todo fuera de las grandes ciudades, un extranjero merodeando por algunos sitios llama mucho la atención. Desde el momento en que uno se registra en un hotel con su pasaporte, los dueños tienen la obligación de comunicar a la policía que hospedan a un periodista, y es cuestión de horas antes de que a uno le metan en un avión o un tren de vuelta. Se estila mucho la llamada a la puerta del hotel en plena noche para expulsar a los reporteros antes de que puedan cubrir una historia incómoda.

Pekín se ha comprometido a garantizar la seguridad de los reporteros y hasta cierto punto lo hace en las grandes ciudades. Las zonas rurales son tierra de nadie. En febrero de 2012, un reportero holandés, uno francés y su asistente chino fueron agredidos en la misma semana mientras cubrían unas expropiaciones de tierra en Panhe, en la provincia de Zhejiang. El francés contaba que los abordaron entre veinte y treinta hombres, que a su juicio eran policías sin uniforme y matones. A su asistente le arrancaron la cámara y lo golpearon con ella en la cabeza hasta que empezó a sangrar. Les quitaron las tarjetas de memoria y los cuadernos. Al reportero holandés también le dieron una paliza y le confiscaron los documentos que le habían entregado los campesinos para probar sus casos. La policía los sacó del atolladero, pero nunca les devolvió las tarjetas de memoria que contenían sus grabaciones. Al francés le dieron 45.000 yuanes (7.150 dólares) por la cámara rota. Los agentes insistieron en que los propios campesinos del pueblo habían sido los agresores.

Para el corresponsal en China, la mayor angustia es poner a sus fuentes en peligro. Si justo antes de una entrevista el entrevistado apaga el teléfono y desaparece, casi siempre es porque ha recibido amenazas. La peor pesadilla es que corra la suerte de Fu Xiancai. Como millones de campesinos, Fu fue expulsado de sus tierras para dar paso a la Presa de las Tres Gargantas. En 2005, le contó a un periodista estadounidense que el Gobierno les había pagado una indemnización ridícula y los había reubicado junto a un río contaminado. Entre sus vecinos había muchísimos casos de cáncer de riñón. Después de la entrevista, Fu Xiancai pasó a estar en el punto de mira de las autoridades locales, que lo amenazaron durante meses. Alguien colocó en el umbral de su casa un puñado de billetes falsos como los que se usan para quemar en los funerales: una amenaza simbólica. Unos matones le fracturaron una pierna. El campesino no se rindió y al año siguiente habló con la cadena alemana ARD. Poco después, otros desconocidos le propinaron tal paliza que quedó tetrapléjico. El caso llegó a instancias diplomáticas. Según la cadena alemana Deutsche Welle, Berlín exigió una explicación a Pekín a través de su embajada. También pagó parte de la operación que necesitaba Fu Xiancai, que nunca volvió a caminar. El informe oficial aseguraba que él mismo se había propinado los golpes.

Los asistentes chinos viven entre la espada y la pared. Trabajar con extranjeros no les proporciona ningún salvoconducto y algunos dimiten por miedo o por estrés. Una conocida dejó su trabajo como traductora en una televisión extranjera porque desde un ministerio le sugirieron que su hermano, que iba a presentarse a un examen para ser funcionario, "quizá nunca llegaría a aprobar". Cuando acababa de empezar como asistente de producción, Linda vivió una experiencia que la marcó. Se cumplían veinte años de la matanza de Tiannamen y quiso ver de cerca el encuentro que celebran siempre las madres de las víctimas junto a la parada de metro de Muxidi, donde en 1989 se produjo uno de los tiroteos de la masacre.

"No estaba trabajando, fui por curiosidad", relató. "Vi desde lejos a algunos periodistas extranjeros que conocía y los saludé con la mano. En ese momento un policía de civil se me acercó y me pidió mis documentos. Le dije que iba para mi casa y estaba ahí por casualidad. Me preguntó de qué conocía entonces a esa gente. Quería saber en qué trabajaba. No me creía, estaba muy nervioso. Al final vino un compañero suyo que parecía mejor tipo y me ordenó que me fuera a mi casa de inmediato. Tal vez se repartían los papeles: uno, el bueno y el otro, el malo. El que parecía el jefe, me dijo: si no te vas ya, atente a las consecuencias. Pueden pasarte muchas cosas".

Desde entonces cuando trabaja toma precauciones. No navega por Internet en casa y no acompaña a todas las entrevistas a los corresponsales. "Cuando era más joven pensaba que no me pasaría nada mientras hiciera lo correcto. Ahora pienso que todo tiene consecuencias y daños colaterales. Soy china y no puedo ir a algunos sitios, y a otros es mejor que vaya con un extranjero. No debo ponerme en primera línea por cualquier cosa porque tendré que pagar un precio mucho más alto. Al corresponsal pueden ponerlo en una lista negra o expulsarlo del país. Pero yo estoy aquí, y mi familia está aquí. Un asistente del *New York Times* pasó tres años en la cárcel. Lo acusaron de filtrar información. Eso te da una idea de lo que puede hacer el Gobierno con nosotros".

Su visión de China había cambiado en los cuatro años que llevaba trabajando para medios extranjeros. "Prefiero decir que se ha enriquecido. Antes se me escapaban muchos matices", me señaló a la grabadora, para que no se me olvidara registrarlo. Estábamos tomando unos mojitos en Nanluoguxiang, una calle de bares de moda, e intentando escapar de un comienzo de verano abrasador. Sonaba Bob Marley y el camarero, con el pelo recogido en una coleta, ordenaba una pila de vinilos. Linda pidió más hielo para su cóctel: había pasado la mañana en una boda al aire libre y estaba acalorada. Se secó la frente con un pañuelo de flores perfectamente planchado y sacó del bolso un puñado de caramelos. "Pruébalos, me los regalaron los novios. Están muy ricos, aunque se pegan a los dientes", se rió y fingió mascar como un camello.

Podía decir que había cumplido su sueño de estudiante: encajar las piezas del rompecabezas y entender mejor el mundo a su alrededor. "Ahora sé más cosas sobre mi país y entiendo por qué la gente reacciona como reacciona. En los restaurantes los camareros suelen ser muy gruñones. Habrá algunos antipáticos, pero muchos otros son emigrantes del campo y padecen mil problemas: discriminación, soledad, falta de beneficios sociales, sueldos insuficientes. Y todo eso hace que estén de mal humor".

Linda había entrevistado a multimillonarios y a gente que lo había perdido todo. Su puesto le daba acceso a lugares clandestinos y a documentos comprometedores. Desde luego, era una manera de vivir más intensa que la de sus amigos. Pero tenía un precio: cuestionarse cada cosa y cada día.

"Recuerdo que durante los Juegos Olímpicos grabamos a un grupo de voluntarios cantando. Había ancianos, adultos y niños, todos entusiasmados por salir en televisión y deseosos de que en el extranjero se hablara de China. Pensé que incluiríamos el plano en un reportaje que criticaba muchos errores del Gobierno, que por supuesto eran ciertos: expulsiones, corrupción, censura. Sin embargo, en ese momento los voluntarios eran felices. Seguramente no se daban cuenta de que eran peones del Partido, marionetas. Ocurría algo parecido con los trabajadores que construyeron los estadios. Estaban contentos con hacer su trabajo, con ganarse el dinero y punto. No pensaban en las condiciones de explotación de las que hablaba Occidente. Es difícil explicar todos esos matices en un reportaje de dos minutos".

A Linda le tocó muy de cerca el caso de Liu Xiaobo, Premio Nobel de la Paz 2010, que continúa entre rejas por haber escrito a favor de la democracia y el fin del partido único. Cuando se falló el Premio, estuvo entre los pocos periodistas chinos que acudieron a la vivienda de su esposa en Pekín. La mujer estaba bajo arresto domiciliario y no pudo salir a hablar con ellos. La policía acordonó la urbanización y los medios tampoco pudieron entrar. "Estábamos allí, esperando todos. Cuando el comité del Nobel dio la noticia tuve sentimientos encontrados. Como china, para mí era algo enorme y hermoso que le dieran el premio a alguien de mi país. Al mismo tiempo era patético ver a todos esos guardias custodiando el edificio. Algunos eran muy jóvenes, posiblemente no tenían ni idea de lo que pasaba: solo habían recibido órdenes de no dejar entrar a esos locos extranjeros. Cumplían con su trabajo y no era culpa suya. Era culpa de todos, por dejar que nuestro sistema fuera así".

Sus jefes le avisaron de que correría ciertos riesgos. Pero nadie le explicó que se enfrentaría al recelo de sus compatriotas. Cuando sus amigos criticaban a los periodistas extranjeros, tenía que morderse la lengua. "Habrá medios que cometan errores, pero la gente con la que yo he trabajado es honrada. Si no profundizan lo suficiente es por las propias constricciones del medio, que exige reportajes cortos, pero no por parcialidad". Inevitablemente se había alejado de algunas personas. Tenía compañeros de promoción que habían terminado trabajando para el Ministerio de Exteriores y la Oficina de Seguridad.

Apoyados en un coche, dos veinteañeros fumaban en la puerta de la sala Mao, uno de los mejores locales de conciertos de Pekín. Uno llevaba el pelo en una cresta fucsia, chaleco con remaches de tachuelas y unos pantalones elásticos que le marcaban las canillas esmirriadas. Su amigo lucía gafas de sol aunque estaba anocheciendo. En verano, la avenida Gulou es un espectáculo a esas horas. Mientras esperaba a Linda, decenas de escenas se desarrollaron a la vez ante mis ojos. Los vecinos sin aire acondicionado habían sacado sus taburetes a la acera. Varios ancianos con la camiseta remangada a la altura de la barriga se daban aire con sus abanicos de palma. De una peluquería salía una canción tecno, metálica y distorsionada: los altavoces estaban fuera para atraer clientes, pero no tenían potencia para semejante volumen. Una pareja paseaba a su perro, los dos vestidos con pijamas conjuntados y chanclas de goma. Un repartidor en bicicleta eléctrica se saltó un semáforo y estuvo a punto de morir arrollado por un bus, que tampoco paró. Al fondo de la calle apareció Linda.

Traía puesta una blusa verde y unos pantalones bombachos. Era su día libre y había estado haciendo yoga y leyendo a Edward Said. "Estoy fascinada con su libro *Orientalismo*. ¿Lo conoces? Habla de la imagen romántica de Asia y de todos los prejuicios de Occidente sobre Oriente Medio que justificaron el colonialismo. Es muy interesante".

Las conversaciones con Linda tenían cientos de ramificaciones. Empezaba por una idea y enseguida saltaba a otra. Cuando guardaba silencio, parecía que estaba tomando impulso para saltar a otro terreno. "No sé si te pasará a ti", exclamó mientras caminábamos, "pero haciendo periodismo te das cuenta de que no creas. Observas y transmites, pero te mantienes al margen para ser objetivo y no construyes nada. Me pregunto si quiero hacer esto el resto de mi vida".

"¿Estás pensando en renunciar?", le pregunté perpleja. Tenía un puesto por el que mucha gente pagaría.

Se rió.

"Solo es una reflexión, no te asustes. Pero sí, lo he pensado muchas veces. Cuando se crispan las cosas con el Gobierno me digo que no vale la pena. En estos años he visto tantas cosas que me han dejado huella. Los activistas que han luchado mucho tiempo se endurecen. No quiero ser una persona amargada. No quiero ser ese tipo de mujer. Quiero seguir maravillándome por las cosas. Solo tenemos una vida".

Agradecimientos

Este libro no habría sido posible si los diez personajes que lo componen no se hubieran prestado a contarme sus historias. Varios corrieron riesgos al hablar conmigo, y sin embargo no escatimaron tiempo ni detalles. Cuando no entendí algún término, se esforzaron en expresarlo con palabras más sencillas. Puede que con algunos no consiga volver a comunicarme porque no tienen correo electrónico o porque suelen cambiar de número de teléfono. De otros espero no saber nunca por la prensa, porque eso querrá decir que han sido detenidos. A todos quiero agradecerles su entrega.

Mi gratitud a dos personas clave: Jia Wen y Liu Chengxi, dos jóvenes brillantes de familias modestas que se dejaron la piel por trabajar en Pekín. Me ayudaron a traducir algunas entrevistas y me explicaron muchos matices sobre sus compatriotas. Ambos estaban fascinados con que estuviera escribiendo un libro sobre los *laobaixing*, gente de la calle, chinos anónimos.

Wu Rong Rong, la socióloga que aparece en el capítulo *Prostituta a escondidas*, viajó más de mil millas para acompañarme a lugares en los que no podría haber entrado sin ella. Era la primera vez que se separaba de su hijo de tres meses y sé que le costó horrores, pero le parecía importante mostrar cómo vivían las prostitutas chinas. A la jurista Lan Yujiao, que me explicó los entresijos de la represión a los abogados pro derechos humanos. Mi querido amigo Xiao Ma me llevó a conocer a su maestro de kung-fu, protagonista de *Silencio, habla el maestro*. Xiao Ma es el ejemplo perfecto de lo leal que es un chino cuando entrega su amistad. Nunca olvidaré su sentido del humor ni su sinceridad.

Gracias a la escritora Mariela Dabbah por su brío y su generosidad. A mi editor, Erik Riesenberg, y a mi agente, Diane Stockwell, porque vieron tan claro como yo que estas diez historias valían la pena. A mi editora, Adriana V. López, que diseccionó el texto con destreza y rigor.

Sin los periodistas del "Club Beijinderberg" tampoco se habría escrito este libro. Con ellos viví coberturas informativas agotadoras, debates apasionados y, sobre todo, muchas noches hilarantes. En especial, Miguel Torán fue un compañero todoterreno en las semanas más duras de la investigación. Ángel Villarino, Aritz Parra, Alberto Lebrón y Juan Pablo Cardenal me ilustraron con sus conocimientos sobre China y fueron piezas clave, al igual que Cristina Martí. Iris Mir y Olatz Simón supieron animarme en la distancia. Virginia Casado y David Brunat me abrieron su casa y me inyectaron energía. A todos los admiro y les agradezco su amistad.

Gracias a Gregorio Doval, Ana Pérez, Silvia Blanco, María Carmona y Darío Ochoa por su paciencia y asesoramiento. Y por su tiempo, que no les sobraba. A Daniel Méndez, creador de Zai China, que compartió conmigo sus impresiones sobre los internautas chinos.

A mi hermano, Andrés, por mostrar un entusiasmo auténtico desde el principio y por ayudarme a traducir los términos sobre artes marciales en *Silencio, habla el maestro*. A Sabela, que removió cielo y tierra para ayudar. A Berta, por querer seguir todo el proceso. A mis padres, por entender que me marchase tan lejos y por confiar en mí.

AGRADECIMIENTOS

A Mario Saavedra, la persona más inteligente que conozco, y que afortunadamente comparte su vida conmigo. Por escuchar, leer, releer, sacarme al sol cuando mi cara se volvió verdosa y hacer todas esas cosas que le convierten en lo mejor que me ha pasado.

Notas

1. Los nuevos ricos están aquí

1. Las ciudades están situadas respectivamente en el centro, el sureste y el noreste del país.
2. En octubre de 2011, la revista *Hurun* y el Banco de China publicaron un informe con esta conclusión.
3. Según un especial de *Hurun*, de los 1.330 millonarios o multimillonarios chinos clasificados como tales por la revista entre 1999 y 2008, treinta y seis tuvieron problemas con la justicia más tarde. En agosto de 2009: dieciséis estaban en la cárcel; tres, esperando sentencia y diez, sometidos a investigaciones oficiales. Siete habían desaparecido o habían huido al extranjero porque tenían causas judiciales pendientes.
4. En 2011, cerca de 2.700 millonarios de la China continental solicitaron visas de inversor. Mil personas las consiguieron.
5. La demanda se ha disparado hasta tal punto que algunos países limitan la concesión de visas para inversores extranjeros. En julio de 2011, Canadá fijó el tope en 700 visas anuales. Una semana después de anunciar la restricción, se completó el cupo: 697 solicitudes procedían de China.
6. Hasta 2008, la concesión sobre la tierra duraba un máximo de setenta años. En enero de 2008, la nueva ley de propiedad privada introdujo como novedad la renovación automática al finalizar el plazo, que reduce la inseguridad entre los ciudadanos. En la práctica, la concesión se asemeja así más que antes a la plena propiedad privada, aunque no llega a serlo.
7. Jianzhen llevó el budismo a Japón en el siglo VIII.
8. La isla de Hainan es uno de los destinos de luna de miel más famosos entre los chinos.

2. Secuestrado por su propio gobierno

1. De doscientos mil abogados que hay en China, solo unos doscientos forman parte del movimiento de defensa de los derechos civiles, o *wéiquán* (维权). Esos letrados se enfrentan al acoso policial, cuando no a secuestros, torturas y arrestos domiciliarios.

2. La web Boxun, dirigida por disidentes desde el extranjero y censurada en China, convocó a los ciudadanos a protestar en trece ciudades del país. Únicamente en Pekín y en Shanghái hubo signos de movilizaciones, pero se produjeron en calles comerciales concurridas y no se pudo saber exactamente cuántas personas protestaban y cuántas habían salido de compras. En Pekín, la avenida Wangfujing amaneció tomada por policías y agentes de civil. Varios transeúntes y periodistas fueron detenidos. La policía y los funcionarios del Ministerio de Seguridad interrogaron y amenazaron a muchos corresponsales extranjeros por cubrir la noticia.

3. En teoría la ley prohíbe usar la fuerza o la coerción contra las mujeres para que aborten o se sometan a una esterilización. Sin embargo, la presión por cumplir la Ley del hijo único fue tan grande que en algunos lugares de China las autoridades locales la aplicaron con violencia. En las familias que tenían dos hijos, por ejemplo, se impuso la esterilización de uno de los cónyuges.

4. Chen huyó sorteando a los vigilantes apostados en su puerta. Ayudado por una red de activistas consiguió llegar a Pekín y refugiarse en la Embajada estadounidense. Su caso provoco tensiones diplomáticas entre China y Estados Unidos, que negociaron la salida del activista de su país.

5. Muchos visitantes fueron agredidos al intentar aproximarse a la vivienda de Chen Guangcheng durante el tiempo en el que el disidente estuvo recluido.

6. El aparato chino de seguridad y espionaje está conformado por el Ministerio de Seguridad Pública, el Ministerio de Seguridad del Estado y la Policía. El Ministerio de Seguridad Pública (Gong An Ju, 公安局) es un departamento del Consejo de Estado y se ocupa, entre otras cosas, de vigilar a los disidentes, corresponsales extranjeros y abogados defensores de los derechos civiles. Tiene más presupuesto que cualquier otro ministerio.

7. Richardson, Sophie, ed. *An Alleyway in Hell: China's Abusive "Black Jails"*. New York: Human Rights Watch, 2009.

8. La bandera nacional china.

9. Falun Gong (法轮功) o Falun Dafa (法轮大法) es un movimiento espiritual inspirado en la religión budista. Pekín lo considera un "culto diabólico" y prohibió su práctica en 1999. Algunos expertos creen que al Partido Comunista le preocupaba que el movimiento, que podría tener entre tres y setenta millones de seguidores, desafiara su autoridad. Según varias organizaciones

pro derechos humanos y el Departamento de Estado de EEUU, entre varios cientos y miles de simpatizantes de Falun Gong han muerto mientras estaban bajo custodia policial.

10. Mao quería recuperar el poder político, del que había sido apartado por el fracaso del Gran Salto Adelante. En 1966, alentó al ejército y a los jóvenes estudiantes (los llamados guardias rojos) a condenar todo aquello que se apartara de la ortodoxia del espíritu revolucionario. Lo apoyaba la Banda de los Cuatro, un sector dirigente del Partido que incluía a su mujer.

11. El Gran Salto Adelante comprendió una serie de medidas económicas, sociales y políticas implantadas por Mao Zedong entre finales de los años cincuenta y principios de los años sesenta. Pretendían aprovechar el enorme capital humano de China para la industrialización. Mao aseguraba que, en quince años, el país llegaría al nivel de Gran Bretaña. Su fracaso, unido a una serie de catástrofes naturales y a la ruptura con la Unión Soviética, produjo una hambruna que mató entre veinte y treinta millones de personas.

12. El documental fue vetado después de la matanza de Tiananmen y continúa vetado hoy. Sus autores fueron encarcelados o se exiliaron de China.

13. En esa época, la mayoría de los corresponsales hablaba mandarín y muchos eran de origen asiático, por eso la policía los confundía con ciudadanos locales. Jan Wong, corresponsal canadiense del diario *Globe and Mail* entre 1988 a 1994, cuenta cómo quisieron secuestrarla a plena luz del día en *China: Reports from a Not-So-Foreign Correspondent*. Doubleday Canada, 1999.

14. Miles de personas fueron detenidas tras Tiananmen. Algunas siguen en la cárcel, otras se exiliaron. Las familias de las víctimas nunca han recibido disculpas oficiales del Gobierno. Solamente algunos políticos, a título personal, han ofrecido compensaciones económicas a las Madres de Tiananmen a cambio de que mantengan un perfil bajo.

15. El concepto de derechos humanos es occidental, nace de la Ilustración francesa y del pensamiento liberal británico.

16. Desde 1979, en China las parejas solo pueden tener un hijo, salvo que los dos cónyuges sean hijos únicos, campesinos, de alguna minoría étnica, o paguen una multa (es lo que hacen las parejas de clase alta en las ciudades). Millones de familias no "declaran" más que un hijo y la ley se ha aplicado de forma laxa en muchas provincias. En algunos pueblos, sin embargo, se han cometido atrocidades como las que denunció Chen Guangcheng.

17. Los campesinos usaban el término *guizi* (鬼子), "demonio", una palabra cargada de simbolismo histórico: así se llamaba a los soldados japoneses que ocuparon el noreste de China de 1931 a 1945.

18. La autocrítica o *jiantao* (检讨) era una práctica habitual durante el maoísmo, como en otros regímenes autoritarios.

3. Un marido gay para disimular

1. *Tongqi* (同妻) es un término del argot que se forma a partir de *tongzhi* (同志 literalmente, camarada, pero también se emplea para identificar a un hombre homosexual), y *qizi* (妻子, esposa).
2. El *qipao* (旗袍) es el vestido tradicional chino.
3. Nombre ficticio.
4. Li Yu Gang es uno de los cantantes travestidos más famosos en China. Combina ópera tradicional con música pop.
5. Tener casa y vehículo propios es una condición para muchas jóvenes chinas y una fuente de estrés para sus pretendientes. A finales de 2009, la canción *No tengo coche, no tengo casa* (没有车没有房), en la que el cantante Sun Hui daba cuenta de sus tribulaciones, se convirtió en un éxito en Internet.
6. El Libro Rojo es un símbolo del maoísmo. Se publicó en 1964 y recoge las citas del entonces presidente Mao Zedong. Los chinos lo llaman *hong baoshu* (红宝书), "libro tesoro rojo". Durante años fue de lectura obligatoria en las escuelas. Los miembros del Partido Comunista tenían que llevarlo siempre encima.
7. Entre amigos y cónyuges, los chinos se tratan coloquialmente de hermano o hermana.
8. Mencio fue un seguidor de Confucio. Vivió entre los años 372 y 289 a. C.
9. Durante los tres primeros meses de 2011, hubo un 17% más de divorcios que en el mismo período de 2010, según el Ministerio de Asuntos Civiles chino. Pekín tiene la tasa más alta: el 39% de los matrimonios terminan divorciándose.

4. Silencio, habla el maestro

1. El kung-fu (功夫) es la forma popular de llamar a las artes marciales chinas. Abarca decenas de estilos, que se agrupan en familias y escuelas.
2. Las artes marciales internas son *baguazhang* (八卦掌), el *taijiquan* (太极拳), el *xinyiquan* (形意拳) y el *yiquan* (意拳). Se centran en trabajar la energía interior, mientras que las artes externas hacen hincapié en el ejercicio muscular y cardiovascular.
3. La Qing (1644–1912) fue la última de las dinastías imperiales chinas.
4. Para otros expertos, el *mianzhang* (綿掌) o "puño de algodón", es una técnica para golpear, no un arte marcial como tal. Existen muchas teorías y clasificaciones de las artes marciales que se contradicen entre sí.
5. El *neijiaquan* (內家拳) es un arte marcial interna.
6. Históricamente no está comprobado que ese fuera el origen del *xinyi*. Hay

teorías que sitúan el nacimiento de esta arte marcial durante la Dinastía Song (960–1279 AC).

7. El *wu de* (武 德) rige tanto los actos como los pensamientos. Un buen discípulo debe cultivar la moralidad en ambos frentes. En sus actos, debe ejercitar la *humildad, el respeto, la rectitud, la confianza y la lealtad*. Y en sus pensamientos, la *voluntad, la resistencia, la perseverancia, la paciencia y el valor*.

8. Los protagonistas de este libro siempre se refieren a médicos tradicionales chinos, salvo que se especifique lo contrario.

9. Estudio del Instituto Tecnológico de Massachusetts (MIT, siglas en inglés), publicado en febrero de 2012.

10. Las autoridades se han comprometido a retirar de circulación 1,6 millones de vehículos contaminantes antes de 2020, limitar el consumo de carbón a diez millones de toneladas anuales y plantar 328.000 acres de bosque, según la Agencia estatal de noticias Xinhua.

11. Las nuevas mediciones incluyen las partículas de 98 micropulgadas de diámetro o menos, conocidas también como PM2.5. Hasta enero de 2012, las autoridades chinas solo tenían en cuenta las partículas de más de 393 micropulgadas.

12. Callejón tradicional.

13. *Meibanfa* (没办法), "no queda más remedio" o "así son las cosas", es una expresión que los chinos emplean constantemente.

14. La señora Feng le siempre le dice "viejo" (*lao tou*, 老头) a su marido, en sentido cariñoso.

15. "Tío" y "tía", el trato familiar que se les da en China a las personas mayores.

5. Los que se lanzan al mar

1. *Wanshiruyi* (万事如意) es un *chengyu* o expresión idiomática muy común que significa "que todos sus deseos se hagan realidad". Los chinos utilizan mucho estas frases hechas. Yang Lu, como la élite más culta en China, suele emplear además otros *chengyu* muy complejos, llenos de referencias históricas, que gran parte de sus compatriotas no entienden.

2. Su empleada se dirige a ella como Profesora, el trato de respeto que le corresponde porque imparte clase.

3. La Rueda de la Vida es un diagrama budista que consta de cuatro círculos concéntricos. Representa la existencia cíclica, el camino a la liberación y a la iluminación.

4. Dato de una encuesta sobre ausentismo laboral en el mundo elaborada por la consultora estadounidense Kronos.

5. El capítulo *Pekín desde el taxi* examina con más detalle la Revolución Cultural (1966–1976) y el trauma que supuso para la sociedad china.

6. La década de los ochenta, hasta la matanza de Tiananmen de 1989, se caracterizó por su apertura.

7. En 1980 se establecieron zonas económicas especiales en Shenzhen, Zhuhai y Shantong, en la provincia de Cantón; Xiamen, en la provincia de Fujian y en la isla de Hainan. Ofrecían suelo y mano de obra baratos y exenciones fiscales para atraer empresas internacionales. El modelo fue extendiéndose a varias decenas de ciudades chinas.

8. Algunas empresas extranjeras habían mantenido relaciones comerciales con China desde los años cincuenta.

9. En 1998 había trescientos mil empresas estatales. En 2008 quedaban ciento cincuenta mil. Leonard, Mark. *¿Qué piensa China?* Barcelona: Icaria, 2008.

10. *Ibid.*

11. Dato de *The Economist*, que cita al funcionario del Partido Comunista regional de Zhejiang, Zheng Yumin, en marzo de 2011.

12. En promedio, las empresas estatales chinas son catorce veces más grandes que las privadas. *State-owned enterprises in China: How profitable are they?*, por Gao Xu, ex economista del Banco Mundial en Pekín, 2010.

13. *Entrepreneurship in China*. Marzo, 2011. *The Economist*.

14. Según una encuesta de la Asociación China de Industria y Comercio, citada por el diario *China Daily* (14 de marzo de 2012).

15. Según la Asociación china de Industria y Comercio, entre 2009 y 2012 las empresas pequeñas y medianas se financiaron en un 60% a través de prestamistas privados.

16. Según el banco de inversión UBS en octubre de 2011.

17. Según un informe del gobierno local de Wenzhou, citado por *The New York Times*, se fugaron noventa empresarios. Varios más intentaron suicidarse, y dos lo consiguieron.

18. La expresión "cuenco de arroz de hierro" (*tiefanwan*, 铁饭碗) suele usarse para describir los puestos en la Administración o en el Ejército, que ofrecían empleo, salario fijo y prestaciones de por vida. Simboliza la estabilidad laboral y los privilegios económicos de cierto sector de la población y es objeto de un gran debate en China.

19. Datos de la propia empresa SOHO en febrero de 2012.

20. *Meet Zhang Xin, China's self-made billionairess*, por Peter Foster. *The Telegraph*, 27 de junio de 2010.

21. En 2010 se desató un escándalo tras el suicidio de varios trabajadores subcontratados por Apple Foxconn, supuestamente a raíz de sus condiciones de trabajo.

22. Li, Cheng. *The rise of China's yuppie corps: top CEOs to watch. China Leadership Monitor*, 2005, No.14.

23. En febrero de 2012, Wen Yunsong, hijo del primer ministro, fue nombrado presidente de China Satcom, el gigante público de satélites.

24. Declaración de un portavoz del Partido Comunista en la apertura del XVII Congreso en 2007.

25. Entrevista con el portal de Internet chino Netease. http://news.163.com /special/lishufu/.

26. *What we really need to fear about China*, por Vivek Wadhwa. *The Washington Post*, 27 de septiembre de 2011.

27. El *coaching*, del verbo en inglés *to coach*, "entrenar", es una técnica para formar a una persona o a un grupo y enseñarle habilidades específicas. Por ejemplo, a ser carismático o a separar su vida profesional de la personal.

6. La vida en el subsuelo

1. En 1978, Deng Xiaoping emprendió la apertura de mercado de China. Fue el primer paso del mayor proceso de urbanización de la historia y algunos lo señalan como el inicio del milagro económico. Para muchos expertos chinos, sin embargo, éste empezó en 1949 con la Revolución maoísta. Sin esa época ni las comunas de los años cincuenta, afirman, no habría sido posible acometer la modernización.

2. Las reformas económicas se aceleraron durante los años noventa: muchas fábricas estatales cerraron, otras se fusionaron, el sector agrícola se desreguló y China se abrió al capital extranjero a través de *joint ventures*. El desempleo se disparó: millones de chinos sin formación, que hasta entonces habían vivido del llamado "cuenco de hierro" (*Tiěfànwǎn*, 铁饭碗), —un empleo para toda la vida en una industria estatal— se vieron en la calle. Para muchos la emigración fue la única salida.

3. *Guorizi* (过日子).

4. Se suelen regalar cantidades de dinero que contengan los números 6, 8 o 9 porque dan suerte (sus caracteres se pronuncian muy parecido a los de "fluidez" -en los negocios-, "prosperidad" y "eternidad"). Los chinos son muy supersticiosos con los números. Por ejemplo, están dispuestos a pagar mucho más por una matrícula para su vehículo o por un número de teléfono que incluya cifras de la suerte. Por el contrario, en los edificios no suele haber piso 4, sino 3-B, porque "cuatro" se pronuncia muy parecido a "muerte".

5. En China se utiliza un sobre rojo (*hong bao*, 红抱) para regalar dinero. Es típico de las bodas, los cumpleaños y el Año Nuevo.

6. El Proyecto de Trasvase de Agua del Sur al Norte (*Nánshuǐ Běidiào Gōngchéng*, 南水北调工) fue un sueño del ex presidente Mao Zedong en 1952, pero no se puso en marcha hasta 2002. Se trata de una macro obra de ingeniería para llevar agua del río Yangtze al norte del país, aquejado de sequía recurrente. Es un plan controvertido por sus costes económicos, ecológicos y

sociales. Cientos de miles de personas han tenido que abandonar sus hogares o tendrán que hacerlo, ya que sus pueblos quedarán bajo el agua. Se prevé que para 2050, cuando concluya el proyecto, se trasvasen 264 millones de galones anuales de agua hacia el norte.

7. Todavía se prefiere que el primogénito sea varón, sobre todo en el campo, porque se cree que puede ayudar más en el trabajo de la tierra y con los animales.

8. Fue la capital de trece dinastías, entre ellas las Zhou, Qin, Han, Sui y Tang.

9. Los *mantou* (馒头) son bollos de pan hechos al vapor.

10. Jackie Chan mantiene una buena relación con el Gobierno chino y es el presidente de la Asociación de Directores de Cine. Es conocido por sus declaraciones incendiarias. En 2009, por ejemplo, aseguró que no tenía claro que la libertad fuera algo bueno para China. "Estoy empezando a pensar que los chinos necesitamos que nos controlen. Si no nos controlan, hacemos lo que nos viene en gana". También declaró en una ocasión que no compraría una televisión china porque podía explotar.

11. En 2010 fue superada en tamaño por la nueva Estación de Ferrocarril Hongqiao de Shanghái.

12. En el calendario gregoriano cae en diferentes fechas cada año, siempre entre el 21 de enero y el 20 de febrero, coincidiendo con la segunda luna llena después del solsticio de invierno.

13. Es el llamado *chūnyùn* (春运), la migración por el Festival de Primavera o Año Nuevo lunar. Algunos emigrantes vuelven en los trenes con miles de yuanes repartidos en fajos dentro de la ropa. Los ladrones lo saben y frecuentan los trenes en esa época del año.

14. En junio de 2010 se produjo una oleada de huelgas en fábricas extranjeras (Foxconn y Honda, entre otras) situadas en diferentes provincias de China. Los *mingong* paralizaron la producción exigiendo subidas salariales y mejores condiciones. Algunas empresas les subieron los salarios hasta un 70%. El Gobierno chino sofocó las huelgas, temiendo que los obreros pidieran sindicatos y pudieran desafiar la autoridad del Partido Comunista, pero al mismo tiempo elevó el salario mínimo en muchas ciudades para no alimentar el descontento de los migrantes, una pieza clave en la economía china.

15. El permiso de residencia se llama *hukou* (户口) y es un pasaporte interno que implantó el ex presidente Mao Zedong en los años cincuenta para evitar el éxodo del campo a las ciudades cuando China estaba recuperándose de la guerra civil. Liga a cada persona a su lugar de nacimiento y solo allí se le garantizan el acceso a la sanidad y la educación. Los partidarios del *hukou* defienden que ha permitido evitar cinturones de pobreza en torno a las metrópolis, como en Brasil o India. Para la mayoría de analistas, occidentales y chinos, es un sistema profundamente injusto que convierte a los emigran-

tes en ciudadanos de segunda. Dentro del propio Gobierno chino es un asunto polémico.

16. La cifra la publicó el *Diario del Pueblo* en un reportaje del 22-12-2010 (留守儿童人数近5800万 逾8成隔代或临时监护).

17. Datos del censo oficial chino de 2005.

18. Según la Oficina Nacional de Estadística china, el sueldo medio de un *mingong* en 2010 era de 1.600 yuanes (250 dólares), frente a la media de 2.687 yuanes (418 dólares) de un trabajador nacido en la ciudad.

7. China 2.0

1. Datos de Alexa y DoubleClick Ad Planner de Google.
2. Datos del China Internet Network Information Center, en enero de 2012.
3. Estudio de la empresa TNS, en 2008.
4. Según la consultora china CIC en octubre de 2011.
5. China es el primer mercado del mundo de teléfonos de última generación. En 2011 superó a EEUU.
6. La socióloga sino-americana Tricia Wang lo explica muy bien en su ponencia *Sleeping at Internet Cafes: The Next 300 Million Chinese Users*, que puede encontrarse en su web: www.triciawang.com.
7. Del inglés *cool*, "a la moda", "en la onda".
8. Cinco pies de altura.
9. "Tablones de anuncios". Los BBS chinos nacieron a mediados de los años noventa. Entre los más legendarios, figura el pionero Shuimu Tsinghua, el más reputado entre los universitarios. Las grandes empresas, las asociaciones y, por supuesto, el Gobierno lanzaron sus propios BBS. Nadie quería quedarse atrás.
10. En 2011 realizaron el examen de entrada a la universidad 9,3 millones de estudiantes en China. Desde 2010, cada año hay menos aspirantes, algo que muchos expertos interpretan como un efecto de la política del hijo único.
11. Reportajes de la agencia de noticias Xinhua y el diario *China Daily*, en base a datos del Ministerio de Educación.
12. Las universidades más prestigiosas de China, equivalentes a las de la *Ivy League* americana, son la Universidad de Pekín, o Beida, abreviatura de Beijing Daxue, para las humanidades; la Tsinghua, para ciencias, y la Universidad de Fudan, en Shanghái, muy famosa en economía.
13. El dato corresponde a los incidentes en 2009, según un estudio de dos investigadores de la Universidad de Nankai en 2011.
14. El capítulo *Secuestrado por su propio gobierno* ofrece más detalles sobre este episodio tabú y determinante en la historia contemporánea de China.
15. En marzo de 2010, la empresa estadounidense Google barajó durante varias

semanas la posibilidad de retirarse de China si no se le permitía eliminar la censura de sus búsquedas. Finalmente decidió redirigir a los usuarios que entran en su portal chino a Google Hong Kong, un territorio chino semiautónomo, en el que pueden acceder a todos los términos prohibidos.

16. Algunas organizaciones pro derechos humanos denuncian que compañías como Cisco y Yahoo! han facilitado información sobre activistas y periodistas a las autoridades chinas. Estas empresas han declarado que no les queda más remedio que acatar la ley china, que las obliga a proporcionar esa información si desean mantener sus licencias.

17. Un ejemplo es el del bloguero Guo Baofeng, arrestado en julio de 2009 en la ciudad costera de Xiamen. Entonces tenía 25 años y había reenviado a sus seguidores en la Web un video de una madre que acusaba a las autoridades locales de ocultar la violación de su hija. Guo pidió auxilio en chino y en inglés, a través de Twitter.

18. En principio el tratamiento dura entre uno y tres meses, pero si en ese tiempo no se obtienen los resultados esperados, se prolonga. Cuando visité el Centro Taoran de Tratamiento de la Adicción a Internet de Pekín, el pionero en China, en 2009, había un joven que llevaba trece meses interno y todavía no había sido dado de alta.

19. Datos de la Academia china de Ciencias Sociales.

20. "Necesitamos una definición clara de pornografía", por Zhang Cong. El artículo puede encontrarse en el siguiente enlace: http://www.china.org.cn /opinion/2010-01/18/content_19260104.htm.

21. Estas parodias han generado toda una contracultura que se conoce como *egao* (恶搞), algo así como "el poder malévolo del humor".

22. En julio de 2009, en la Región Autónoma de Xinjiang, en el oeste de China, se produjeron graves revueltas entre la minoría uigur (musulmana) y la mayoría han. Según los datos oficiales, 197 personas murieron y más de 1.700 resultaron heridas: fue la peor matanza que China ha vivido en las últimas dos décadas. Unas 1.400 personas fueron detenidas, y una de las primeras medidas del Gobierno fue cortar el acceso a Internet en la región. El servicio estuvo interrumpido durante diez meses. En noviembre de 2010, el portal Fanfou volvió a estar activo en Internet.

23. Se llaman así porque son los ciudadanos, no programas informáticos, los que ejercen la búsqueda.

24. Mc Kinnon, Rebecca. "From Red Guards to Cyber-vigilantism to where next?" *R Conversation*, Febrero de 2009.

25. Cuando mantuve esta conversación con Ma Chengcheng todavía no se había anunciado una medida concreta, pero desde el 16 de marzo de 2012 Pekín obliga a los usuarios de Weibo a proporcionar sus datos reales tales como nombre y número de carnet.

26. El Ejército estadounidense y el FBI superan con creces a China en el volumen de datos personales que acumulan. Asimismo, Google y Facebook, ambas empresas estadounidenses, son los mayores propietarios de información personal del mundo.

8. Prostituta a escondidas

1. *El Este es rojo* (东方红, Dōngfāng Hóng) es la reina de las canciones revolucionarias chinas. La letra exalta al ex presidente Mao Zedong. Durante la Revolución Cultural (1966–1977) se convirtió, de facto, en el himno chino. Obligatoriamente se emitía por altavoces en cada pueblo al amanecer y al anochecer. Hoy para algunos chinos la canción es parte de su patrimonio cultural, y no necesariamente una exaltación del maoísmo.
2. La edad legal de jubilación para los funcionarios chinos es de sesenta años para los hombres y cincuenta y cinco para las mujeres. Las empleadas de fábricas estatales pueden jubilarse a los cincuenta.
3. Chongqing es uno de los cuatro municipios con estatus especial que dependen directamente del gobierno central chino.
4. Más detalles sobre la matanza de Tiananmen en el capítulo, *Secuestrado por su propio gobierno*.
5. La sexta generación de cineastas chinos está conformada por directores como Jia Zhangke, Wang Xiaoshuai o Zhang Yang, que se graduaron en la Academia de Cine de Beijing y el Instituto Central de Drama a finales de los años ochenta y la década de los noventa. Marcaron una ruptura con sus predecesores y plasmaron con crudeza los problemas sociales de China a través de historias de bandas de rock, pícaros sin futuro, apartamentos sin calefacción y abortos clandestinos. Se les ha comparado con los neorrealistas italianos o con el movimiento *cinéma verité* por su cercanía al estilo documental.
6. En China las prostitutas suelen llamarse "hermanas" unas a otras.
7. El jugo de ciruela amarga o *suanmeitang* (酸梅汤) es un refresco muy típico en China. Se elabora con ciruelas ahumadas y azúcar.
8. Pekín tiene cinco avenidas que rodean la ciudad y se conocen como "anillos". Van del segundo al sexto porque nunca existió un primer anillo. El segundo anillo rodea el centro histórico y el sexto pasa a unas 9–12 millas. Las autoridades planean construir una séptima avenida para aligerar el tráfico.
9. Datos del informe de UNAIDS *2012 China AIDS Response Progress Report*.
10. El estudio lo llevó a cabo en 2006 el Instituto de Investigación en Sexualidad y género de la Universidad del Pueblo de Pekín.
11. Según la ONG Human Trafficking, las mafias secuestran cada año en China a entre diez mil y veinte mil personas. Nueve de cada diez son mujeres y niños

obligados a prostituirse y/o a trabajar como esclavos. En el caso de las mujeres, también puede ser para casarse con hombres solteros que pagan por ellas.

12. Nombre ficticio para proteger su identidad. Quiere decir "hermana pequeña", como la llama Wu.

13. Wu y Zhen se llaman respectivamente "hermana mayor" y "hermana pequeña", como los buenos amigos en China.

14. En China es muy frecuente que las madres les presenten posibles novias a sus hijos.

9. Pekín desde el taxi

1. Datos oficiales de marzo de 2012.

2. Según las estimaciones de Credit Suisse en 2009, cuatro de cada diez residentes en las ciudades podían permitirse un vehículo de precio medio si conseguían financiación y nueve de cada diez campesinos tenían capacidad de optar a un vehículo de gama baja.

3. Solo un 2,9% de los chinos tenía su propio vehículo en 2009, una de las tasas más bajas de automóviles per cápita del mundo. Son datos de Credit Suisse, que estima que en 2020 habrá 148 vehículos por cada mil ciudadanos chinos.

4. En Pekín se limitaron las matriculaciones de 740.000 a 240.000 al año.

5. Las ventas de automóviles se redujeron un 6% en los dos primeros meses de 2012, en comparación con el mismo período del año anterior, según la Asociación china de Fabricantes de automóviles.

6. Urumuchi es la capital de la Región Autónoma de Xinjiang, en el extremo oeste de China, donde la mayoría de la población es musulmana y de etnia uigur.

7. En 1271, los mongoles conquistaron China, establecieron su propia dinastía, la Yuan, fundada por Kublai Khan, y fijaron su capital en Pekín.

8. Un *siheyuan* (四合院) es una construcción de cuatro edificios que forman un rectángulo, dejando un patio abierto en el interior para dar luz a la vivienda y permitir la ventilación.

9. En el capítulo *La peor cara de China* explico los problemas que han acarreado el desarrollo urbano y las expropiaciones forzosas.

10. Para Mao acabar con la muralla era una cuestión política. En 1970 había sido demolida prácticamente toda.

11. La mayoría de las puertas sobrevive en el recuerdo de los pequineses por el nombre de algunos barrios como Chongwenmen, Chaoyangmen, Dongzhimen o Xizhimen (la palabra *men* (门) quiere decir puerta).

12. Zhang Xiaodong se refería a que el nieto de su colega nacería en el año del Dragón, que empezó en febrero de 2012.

13. Datos del diario oficial *China Daily*. Febrero de 2012.

14. Los *dongbeiren* (东北人) o gente del noreste son los naturales de las provincias de Liaoning, Jilin y Heilongjiang. Los chinos albergan muchos prejuicios contra sus compatriotas, según de dónde vengan.

15. El señor Lu se refiere a los chinos de etnia uigur, musulmanes, que son la mayoría en la Región Autónoma de Xinjiang. Los uigures están muy discriminados en las grandes ciudades como Pekín, sobre todo desde las revueltas en su región en julio de 2009. Ver la referencia a estos incidentes en los capítulos de este libro *Secuestrado por su propio gobierno* y *La peor cara de China*.

16. Apelativo familiar.

17. El primer grupo de Guardias Rojos se formó en la Universidad Tsinghua de Pekín, en mayo de 1966. El 18 de agosto de ese año, Mao jaleó a estos jóvenes radicales por primera vez en la Plaza de Tiananmen de Pekín. A partir de entonces, el movimiento se expandió al resto de China.

18. En los archivos históricos de Revolución Cultural, desclasificados en 2009 y a disposición del público en el Archivo Municipal de Pekín, se detalla cómo en las aulas se estudiaban los postulados maoístas y las canciones revolucionarias durante horas. A las matemáticas apenas se le dedicaban unos minutos diarios.

19. Mitter, Rana. *Modern China: A Very Short Introduction*, Oxford: Oxford University Press, 2008.

20. El llamado "Movimiento de la ciudad al campo" (*shangshanxiaxiang yundong*, 上山下乡运动) lo formaban cientos de miles de estudiantes de las ciudades enviados obligatoriamente a las aldeas, en una especie de reeducación rural forzosa.

21. No existe una cifra oficial de muertes. Algunas fuentes hablan de cientos de miles; otras, de varios millones. Expertos como el periodista y premio Pulitzer Ian Johnson dejan la cifra abierta.

22. Yi, Zheng. *Scarlet Memorial: Tales of Cannibalism in Modern China*. Boulder, CO: Westview Press, 1996.

23. Entre 1966 y 1976, el producto interior bruto de China se redujo en un 40%.

24. Es el caso de las antiguas Guardias Rojas Jung Chang y de Zhai Zhenghua, cuya autobiografía explica cómo participó en los linchamientos convencida de que estaba comportándose como una buena revolucionaria: Zhai Zhenhua. *Red Flower of China: An Autobiography*. New York: Soho, 1992.

25. Se habían publicado muchos libros con testimonios de antiguos Guardias Rojos, pero nunca un reportaje acerca de cómo algunos estaban pidiendo perdón a sus víctimas.

26. Mitter, Rana. *Modern China. A Very Short Introduction*. Oxford: Oxford University Press, 2008.

27. *Chijiao yisheng* (赤脚 医生).

28. El término procede de uno de los cinco libros más famosos de Confucio. Desde 2002, forma parte de la retórica habitual del Gobierno.

29. El consumo interno es una prioridad de las autoridades chinas, sobre todo desde que Occidente entró en crisis en 2008 y se resintieron las exportaciones.

30. Datos del Ministerio de Salud chino.

31. Los grillos cantores se conocen como *guo guo* por contraposición con los *qu qu*, entre los que en China se organizan peleas.

32. En aquel encuentro con Zhang Xiaodong, el dictador norcoreano no había fallecido todavía.

33. Los turistas chinos tienen ciertos "privilegios" en Corea del Norte porque su Gobierno es lo más parecido a un aliado que tiene Pyongyang. Pueden llegar al país en tren y acercarse unos pies más a la frontera militarizada del paralelo 38.

10. La peor cara de China

1. A petición de Linda, que tampoco se llama realmente así, he ocultado el nombre de la cadena.

2. La organización cita a un testigo presencial en su informe *Uprising in Tibet. 10th March–30th, April 2008.*

3. Según fuentes oficiales chinas, en las protestas murieron 18 civiles y un policía; fuentes tibetanas en el exilio apuntan que hubo un centenar de víctimas mortales en la primera semana de las protestas.

4. Según el informe de Amnistía Internacional.

5. El periodista James Miles, de la revista británica *The Economist*, fue el único que estuvo en Lhasa porque cuando estallaron las protestas estaba allí con un viaje oficial.

6. Las cadenas alemanas *RTL* y *n-tv* se disculparon. Otros medios como *CNN* y *Der Spiegel* publicaron comunicados en los que negaban las acusaciones de manipulación y defendían su imparcialidad. Posteriormente *CNN* sí se disculpó por las opiniones de su comentarista Jack Cafferty sobre Tíbet que habían suscitado una oleada de críticas desde China.

7. China se divide en 22 provincias (Pekín cuenta 23, ya que reclama como provincia la isla de Taiwán), 5 regiones autónomas (asociadas a las minorías étnicas más numerosas, como en el caso de Tíbet), 4 municipalidades (ciudades con un rango parecido al de provincias) y 2 regiones administrativas especiales (Hong Kong y Macao).

8. Aquellas revueltas se saldaron con decenas de miles de tibetanos muertos. El

Dalai Lama y unos cien mil seguidores huyeron a pie atravesando el Himalaya hacia India y Nepal.

9. Los *fengqin* (愤青) no son un grupo homogéneo, pero comparten un fuerte nacionalismo y una postura agresiva en política exterior. Creen que el Partido Comunista es demasiado blando en su relación con Estados Unidos, Japón, Taiwán, Xinjiang y Tíbet. Justifican ciertas acciones de Mao Zedong durante el Gran Salto Adelante y la Revolución Cultural.

10. No existen cifras oficiales. La organización internacional COHRE, Centro de Derechos de la Vivienda y Expulsiones (siglas en inglés) habla de 1,5 millones de personas, cifra que baraja la mayoría de los medios que han abordado el tema. Sin embargo, el periodista David Ferguson, en la web oficial del Gobierno chino China.org, desmiente el dato, asegurando que el COHRE se limitó a contabilizar a cada una de las personas en Pekín que habían cambiado de domicilio desde el año 2000. Su réplica (*Beijing's 1.5 million Olympic evictions. The making of a Western media myth*) está en: http://www.china.org.cn/china/2008-11/12/content_16752591.htm.

11. La figura de los peticionarios se explica con más detalle en el capítulo, *Secuestrado por su propio gobierno*.

12. Dato de la Academia China de Ciencias Sociales.

13. Según un estudio citado por el diario *Nanfang Zhoumo*.

14. Según la ONG Human Rights Watch.

15. El estadounidense Daniel Pearl era el jefe de la oficina del *Wall Street Journal* en el Sudeste asiático. En 2002 viajó a Pakistán para investigar una historia relacionada con Al Qaeda. Al cabo de un mes de secuestro, sus captores (un grupo extremista islámico) difundieron un vídeo en el que lo ejecutaban degollándolo.

16. Sin embargo, los corresponsales del canal Al Jazeera en inglés pronto empezaron a sufrir el mismo acoso que otros medios extranjeros. La relación con las autoridades fue de mal en peor hasta que en mayo de 2012 la cadena se vio forzada a cerrar sus oficinas en Pekín porque su corresponsal fue expulsada del país. Fue la primera expulsión de un corresponsal extranjero en años.

17. Clasificación de la libertad de prensa 2011–2012 de Reporteros Sin Fronteras.

18. Informe del CPJ, Comité para la Protección de los Periodistas (siglas en inglés), de diciembre de 2011.

19. La sentencia aseguraba que los datos de Tan "no tenían relevancia y no eran creíbles". Fuente: Marga Zambrana (Agencia EFE), citando a Human Rights Watch. Febrero de 2010.

20. Ambas circulares son de septiembre de 2011.

21. La dirección del blog es: http://zhenlibu.wordpress.com.

22. El término "protestas" (literalmente, incidentes masivos, 群体性事件), engloba conflictos laborales, demolición y reubicación de viviendas, expropiación de tierras rurales, episodios de contaminación, etc. Según los expertos de la Academia de Ciencias Sociales, estos conflictos han aumentado de manera notable en los últimos años.

23. El especial puede consultarse en: http://magazine.caijing.com.cn/2010-10-24/110550933.html (en chino).